Katharina Lühring

Außergewöhnlich, Direkt, Hilfsbereit, Stark

Katharina Lühring

AUSSERGEWÖHNLICH DIREKT HILFSBEREIT STARK

Das AD(H)S-Mutmachbuch für Eltern

BELTZ

MIX
Papier aus verantwortungsvollen Quellen
FSC www.fsc.org FSC® C089473

Klimaneutral
Papier
ClimatePartner.com/13732-1910-1001

Dieses Buch ist erhältlich als:
ISBN 978-3-407-86683-7 Print
ISBN 978-3-407-86684-4 E-Book (EPUB)

1. Auflage 2022

Lektorat: Katharina Theml, Bettina Brinkmann
Umschlaggestaltung: www.stefanielevers.de (Gestaltung), www.stephanengelke.de (Beratung)

Herstellung: Sarah Veith
Satz: Publikations Atelier, Dreieich
Layout: Lara Thorissen und Sarah Veith
Bildnachweis: Glühbirne und Häkchen Ulimi/gettyimages.de; Hand flaticon.com; Männchen 26771839/shutterstock.com
Druck und Bindung: Beltz Grafische Betriebe, Bad Langensalza
Beltz Grafische Betriebe ist ein klimaneutrales Unternehmen (ID 15985-2104-100).
Printed in Germany

Weitere Informationen zu unseren Autor_innen und Titeln finden Sie unter: www.beltz.de

Inhalt

Vorwort

Das Potenzial von Kindern mit AD(H)S ist vielfältig und außergewöhnlich. Das habe ich in vielen Jahren meiner Arbeit mit Kindern und ihren Eltern erleben können. Als ich mich dann intensiver mit dem Thema AD(H)S zu beschäftigen begann, stellte ich mir immer wieder die Frage: Warum wird AD(H)S so häufig so negativ dargestellt? Man hört so viel über problematische, störende und aggressive Kinder, doch wo bleiben dabei ihre Stärken? Ich empfand es als ungerecht, Kinder mit AD(H)S nur auf diese scheinbaren Schwächen zu reduzieren. Denn das führt meist auch dazu, dass ihr Potenzial nicht nur von anderen Menschen nicht erkannt wird, sondern dass Betroffene selbst gar nicht wissen und erkennen, welche großartigen Fähigkeiten und Ressourcen sie haben. Umso wichtiger ist es also, dass wir uns und unserer Umwelt bewusst machen, dass eine positive Haltung und eine wertschätzende Einstellung gegenüber Menschen mit AD(H)S dazu beiträgt, dass wir alle von ihren Fähigkeiten profitieren und nicht zuletzt vieles von ihnen lernen können. Durch eine auf Stärken und Ressourcen ausgerichtete Aufklärung über AD(H)S können wir erreichen, dass AD(H)S als Chance für außergewöhnliche Lebensweisen und nicht als Hemmnis für das Erreichen von Zielen gesehen wird.

Daher möchte ich AD(H)S nicht als Krankheit oder Behinderung betrachten, sondern als eine Besonderheit, ein Anderssein – und das im positiven Sinne. In meiner Praxis arbeite ich sehr viel mit von AD(H)S betroffenen Kindern, Jugendlichen und inzwischen auch Erwachsenen. Neben Hilfen durch lerntherapeutische Methoden, Neurofeedback und psychologische Beratung möchte ich ihnen dabei helfen, ihr Selbstbewusstsein (wieder) zu entdecken, zu stärken und ihre Ressourcen zu erkennen. Da von AD(H)S betroffene Kinder sehr reizoffen sind und stets alle Sinneskanäle aktiv arbeiten, hat sich eine ganzheitliche Arbeit als sehr effektiv erwiesen. Ganzheitlich heißt für mich aber nicht nur »mit allen Sinnen«, sondern auch, dass die Umwelt in die therapeutische Arbeit miteinbezogen wird.

Mein Anliegen ist es einerseits, Ihnen jede Menge Tipps und ganzheitliche Fördermöglichkeiten für zu Hause mitzugeben, aber auch Informationen und Wissenswertes über diese Diagnose. Deshalb werden Sie in diesem Buch zahlreiche Übungen für Kinder und Jugendliche finden, aber immer auch Abschnitte, in denen ich Ihnen brauchbares Wissen vermitteln möchte.

Sie als Eltern kennen Ihr Kind am besten, und in Kombination mit dem passenden Hintergrundwissen möchte ich Ihnen dabei helfen, einen positiven Blick auf Ihr Kind zu entwickeln und zu stärken. Viele Übungen stellen gemeinsame, interaktive Momente her. Gleichzeitig sind sie so ausgewählt, dass sie hinsichtlich ihres Schwierigkeitsgrades variabel sind. Damit keiner frustriert wird, fangen sie niederschwellig an und ermöglichen damit, dass Erfolgserlebnisse garantiert sind. Erscheint Ihnen die eine oder andere Übung als zu leicht, dann können Sie die Anforderungen stets erhöhen.

In meiner Praxistätigkeit durfte ich die Erfahrung machen, wie vielfältig die Fähigkeiten und Begabungen AD(H)S-betroffener Kinder sind. Ich bin sehr dankbar für diese Einblicke in die bunte und kreative Welt der Kinder sowie in ihre Fantasiegeschichten und lasse mich gern von ihrer Bewegungsfreude mitreißen. Nicht zuletzt schätze ich ihre Ehrlichkeit.

Es liegt mir sehr am Herzen, mit diesem Buch den Blickwinkel auf betroffene Kinder und Jugendliche auf positive Art und Weise zu ändern, damit sie ihre Ziele mit Selbstsicherheit verfolgen und erreichen können.

Ihr Kind ist außergewöhnlich, und das sollten Sie positiv betrachten und nicht zulassen, dass es in die »Negativ-Schublade« gesteckt und stigmatisiert wird. Durch ihre direkte und hilfsbereite Art sind Kinder mit AD(H)S eine Bereicherung für unsere Gesellschaft. Wer mit einem AD(H)S-Kind befreundet ist, hat einen wirklich guten und loyalen Freund, auf den man sich stets verlassen kann. Sie haben eine große persönliche Stärke, die ihnen dazu verhilft, sich hohe Ziele im Leben zu setzen und diese auch zu erreichen.

Denn sie sind **a**ußergewöhnlich, **d**irekt, **h**ilfsbereit und **s**tark!

Diagnose: AD(H)S

Das erste Mal von einer Hyperaktivitätsstörung gehört haben die meisten wohl durch den deutschen Psychiater, Lyriker und Kinderbuchautor Heinrich Hoffmann mit seiner Geschichte über den Zappelphilipp. Diese Figur hatte er aus den Beobachtungen in seiner eigenen Praxis geformt. Wissenschaftlich gesehen waren es aber die amerikanischen Autoren Georg Still und Alfred Tredgold, die sich 1902 mit ihrer Arbeit auf die Symptome konzentrierten, die heute als AD(H)S bekannt sind.

AD(H)S – was ist das?

Unter AD(H)S versteht man das Aufmerksamkeits-Defizit-Hyperaktivitäts-Syndrom (oder auch -Störung genannt), das auch als Zappelphilipp-Phänomen bezeichnet wird. Sie kennen ihn sicher, den ständig unruhigen, zappeligen Jungen, der nicht stillsitzen kann. Ein Kind, das immer und überall in Bewegung sein muss und durch impulsives Verhalten auffällt.

Beim ADS entfällt die Hyperaktivität, und die betroffenen Menschen werden gern als Tagträumer bezeichnet. Das sind die Kinder, die ständig in ihrer eigenen Welt zu sein scheinen. Sie schauen häufig aus dem Fenster, erscheinen abwesend und verfallen schnell in Träumereien. Es sind jedoch auch die Kinder, die häufig nicht auffallen, da sie durch ihre ruhige Art beispielsweise den Unterricht in der Schule nicht stören. Es gibt jedoch auch Mischformen, da die Ausprägungen ganz unterschiedlich ausfallen können.

Man sagt, dass 4,8 Prozent der 3- bis 17-Jährigen in Deutschland AD(H)S haben.[1] Wir können also davon ausgehen, dass mindestens ein von AD(H)S betroffenes Kind in jeder Klasse sitzt. In der Regel werden Lehrkräfte darauf aufmerksam und sprechen zum Beispiel den auffälligen Bewegungsdrang eines Kindes bei den Eltern an.

Grundsätzlich ist dabei jedoch Vorsicht geboten: Nicht jedes bewegungsfreudige Kind hat AD(H)S – so zeigen aktuelle Untersuchungen, dass die Diagnose AD(H)S häufig zu voreilig gestellt wird. Ein Grund dafür könnte sein, dass AD(H)S nicht einfach zu diagnostizieren ist. Sie können sich das so vorstellen: Die Ausprägung eines AD(H)S liegt irgendwo in einer Dimension zwischen »stark ausgeprägt« und »keinerlei Ausprägung«. Deshalb nennt man die Diagnose bei AD(H)S auch »dimensionale Diagnose«. Nun stellen Sie sich ein Kind vor, das irgendwo in der Mitte liegt – in einer Grauzone, zwischen AD(H)S und Bewegungsfreude. Hier ist eine Diagnose nicht leicht zu stellen. Es verhält sich damit anders als bei einer »kategorialen Diagnose«, zum Beispiel im Falle einer Psychose, bei der es nur »trifft zu« und »trifft nicht zu« als Ergebnis gibt. Bei einem AD(H)S können wir nicht eindeutig sagen, dass es zutrifft oder eben nicht zutrifft.

Medizinisch betrachtet handelt es sich bei ADHS noch um ein recht junges, psychisches Störungsbild, das immer wieder kontrovers diskutiert wird. Die Ursache dafür ist, dass die drei Hauptsymptome Hyperaktivität, Unaufmerksamkeit und Impulsivität mehr oder weniger bei jedem Menschen festgestellt werden können und die Grenze zwischen einem normalen Verhalten und einer Störung fließend sind. Kinderärzte und auch -psychiaterinnen sind sich allerdings weitgehend einig, dass AD(H)S eine komplexe Störung ist, die durch verschiedene Therapieformen gut behandelt werden kann. So individuell, wie wir Menschen sind, so unterschiedlich sind auch die Erscheinungsformen von AD(H)S. Das macht die Störung und damit auch die Therapiemaßnahmen so komplex, da es nicht den einen richtigen Weg zur Therapie gibt und meist erst nach der richtigen Behandlungsform gesucht werden muss.

Neben der fachlichen Hilfe durch einen Arzt oder eine Psychologin können Sie als Eltern einen großen Anteil dazu beitragen, sich und Ihrem Kind zu helfen. Dazu gehören neben vertrauten Strukturen, Entspannungsübungen und effektiven Plänen auch viel Liebe und Verständnis. Damit können Sie das Verhalten Ihres Kindes positiv beeinflussen und langfristig in die richtige Richtung lenken. Bewahren Sie sich eine positive Sichtweise, denn nur so kann das Leben Ihres Kindes mit AD(H)S wirklich erfüllt und glücklich sein.

Wenn Sie darüber nachdenken, Ihr Kind auf ein AD(H)S überprüfen zu lassen, dann ist es wichtig, dass Sie spezialisierte Fachärzte aufsuchen. Eine Diagnose wird auf Grundlage der ICD 10 (Internationale statistische Klassifikation der Krankheiten und verwandter Gesundheitsprobleme) oder durch das DSM-V (Diagnostic and Statistical Manual of Mental Disorders) gestellt. Dabei ist wichtig, dass die Symptome mindestens seit sechs Monaten anhalten.

AD(H)S bei Mädchen und Jungen

Viele fragen sich, ob es einen Unterschied hinsichtlich der Diagnose zwischen Mädchen und Jungen gibt. Das ist nicht so leicht zu beantworten, denn ein AD(H)S kann ganz unterschiedliche Ausprägungen haben. Häufig zeigen Mädchen und Jungen ein unterschiedliches Verhalten. Jungen neigen eher dazu, ihre Empfindungen körperlich nach außen zu tragen, während Mädchen ihr Verhalten eher nach innen richten. Dadurch entsteht oft der Eindruck, dass Jungs stärker dem hyperaktiven Zappelphilipp zuzuordnen sind und Mädchen meist zu den Tagträumerinnen zählen. Tatsächlich werden Jungen aufgrund ihres hyperaktiven Auffallens viermal häufiger diagnostiziert als Mädchen. Auch vermuten Fachleute, dass sich die Anzeichen für ein AD(H)S bei Mädchen erst in der Pubertät bemerkbar machen.

Sie sehen: AD(H)S hat ganz unterschiedliche Erscheinungsformen, und es ist gar nicht so einfach festzulegen, ob nun Mädchen oder Jungen mehr betroffen sind und wann die Symptome am stärksten ausgeprägt sind. Meistens, so vermuten Psycholog*innen, fällt AD(H)S jedoch am stärksten in einem Alter um elf Jahre herum auf.

Fest steht, dass die Ausprägungen des Symptoms so individuell sind, dass wir jede Art von Schubladendenken von vornherein ausschließen sollten. Menschen mit A(D)HS sind genauso einzigartig wie nicht betroffene Menschen, das sollten wir uns immer vor Augen halten.

Welche Ursachen hat AD(H)S?

Wir gehen davon aus, dass es sich bei AD(H)S um eine Störung der Informationsverarbeitung im Gehirn handelt. Dabei geht es um eine Störung in der Stoffwechselfunktion. Die Entwicklung eines AD(H)S hängt aber von vielen Faktoren ab. Das heißt, es gibt eine Vielzahl an Ursachen, die dafür verantwortlich sind, dass ein AD(H)S entwickelt wird. Dazu gehören neurochemische, neuroanatomische, psychosoziale und auch genetische Faktoren.

Neurochemische Ursachen

Im Gehirn sind diverse Botenstoffe für unterschiedliche Aufgaben aktiv. Diese Botenstoffe nennt man auch Neurotransmitter; sie sind bei der Übertragung von Informationen an die Nervenzellen wichtig. Einer dieser Botenstoffe heißt Dopamin, er steuert Antrieb, Interesse und Tatendrang, hat also motivations- und antriebssteigernde Effekte. Forschende sind sich noch nicht ganz einig, ob bei einem AD(H)S zu viel oder zu wenig Dopamin im Gehirn vorhanden ist.

Geht man davon aus, dass zu wenig Dopamin im Gehirn vorhanden ist, dann gilt die These, dass betroffene Kinder diesen Mangel durch einen übermäßigen Taten- und Bewegungsdrang auszugleichen versuchen. Medikamente setzen an dieser Stelle an.

Doch auch ein Überschuss ist leicht erklärt: Habe ich zu viel Dopamin im Gehirn, dann habe ich auch einen überhöhten Bewegungsdrang, der sich gerade bei Kindern in Hyperaktivität, Unruhe und Impulsivität äußert.

Eine Störung im Dopamin-Stoffwechsel führt auch zur mangelnden Fähigkeit, einen Belohnungsaufschub zu ertragen. Damit ist die Fähigkeit gemeint, auch mal auf eine Belohnung warten zu können und nicht unmittelbar für eine Aktion belohnt werden zu müssen. Ein gestörter Dopamin-Haushalt kann auch Beeinträchtigungen in der Motorik nach sich ziehen, was sich in Ungeschicklichkeit im Schulalltag äußern kann. Bemerkbar wird diese Ungeschicklichkeit oft dann, wenn den Kindern häufig Bücher oder Stifte herunterfallen, aber auch durch eine sehr unleserliche Schrift.

Zwei weitere Botenstoffe spielen bei der Entstehung von AD(H)S eine wichtige Rolle: Noradrenalin, das die Aufmerksamkeit steuert und den Wachzustand reguliert. Es sorgt dafür, dass ein Mensch leistungsbereit ist. Noradrenalin wird auch als Stresshormon bezeichnet und hat eine große Bedeutung bei der Regulation des vegetativen Nervensystems.

Der andere Botenstoff heißt Serotonin, er spielt bei der Affektregulation eine große Rolle. Die Verminderung von Serotonin führt zu erhöhter Aggressivität und reduzierter Impulskontrolle und hängt sehr eng mit der Regulation der Motorik zusammen. Sie kennen Serotonin vielleicht auch als sogenanntes Glückshormon. Und das ist auch richtig, denn Serotonin reguliert unser Wohlbefinden und wirkt beruhigend. Gleichzeitig wirkt sich Serotonin auch positiv auf unsere Gedächtnisleistung aus und fördert einen erholsamen Schlaf. Es stimmt übrigens, dass Schokolade dazu beitragen kann, dass der Körper Serotonin ausschüttet. Dabei ist Serotonin selbst nicht in der Schokolade vorhanden, aber der Stoffwechsel verschiedener Inhaltsstoffe sorgt dafür, dass der Körper mehr Serotonin produziert. Das Ganze passiert auch beim Verzehr von Bananen, Cashewkernen, Sojabohnen sowie Datteln und Feigen.

Neuroanatomische Ursachen

Neben den neurochemischen Ursachen nehmen Forscher*innen an, dass ein AD(H)S auch durch Störungen in den Strukturen des Vorderhirns entsteht. Allerdings ist bis heute nicht hinreichend geklärt, ob eine gewisse strukturelle und funktionelle Auffälligkeit im

Gehirn tatsächlich für die Symptomatik verantwortlich ist. Mithilfe verschiedener bildgebender Verfahren zeigen sich tatsächlich Auffälligkeiten in der Anatomie des Gehirns bei von AD(H)S betroffenen Menschen. Jedoch müssen diese nicht zwingend für die Entstehung eines AD(H)S verantwortlich sein, da wir heute von einer sogenannten Plastizität des Gehirns ausgehen. Das bedeutet, dass das Gehirn nicht unveränderlich ist und somit Hirnareale Aufgaben anderer Hirnareale übernehmen können, wenn diese ihre Funktion nicht erfüllen.

Psychosoziale Einflüsse

Oft wird gesagt, dass AD(H)S durch einen mangelhaften psychosozialen Umstand, wie zum Beispiel schlechte Erziehung, besondere familiäre Belastungen oder ein schlechtes Umfeld, entstehen würde. Es gibt keine allgemeingültige Theorie, die beweist, dass AD(H)S ausschließlich durch psychosoziale Umweltfaktoren verursacht wird. Insgesamt sind psychosoziale Faktoren sicher beeinflussend, sie haben aber keine ursächliche Bedeutung. Das bedeutet, dass ein AD(H)S, das genetisch veranlagt ist, nicht tatsächlich zum Ausbruch kommen muss, die psychosozialen Umstände aber zumeist dazu beitragen, dass ein AD(H)S auffällig wird. Ein Kind, das die genetische Veranlagung zur Hyperaktivität in sich trägt, wird auffälliger, wenn es einem AD(H)S-typischen Erziehungsstil ausgesetzt ist. Das heißt: ist der Erziehungsstil beispielsweise eher unstrukturiert, wird auch das Kind ein eher unstrukturiertes Leben führen.

Genetik

Familien- und Zwillingsstudien zeigen, dass ein AD(H)S häufig genetisch verursacht ist. Die genetische Verankerung liegt damit zwar nahe, dennoch sollten wir im Auge behalten, dass die Gene uns Menschen zwar in gewisser Weise formen, unser Denken, Fühlen und Handeln jedoch kaum bestimmen. Vielmehr benötigen genetische Veranlagungen gewisse Umstände, um zum Vorschein zu kommen. Hier kommt die Anlage-Umwelt-Theorie ins Spiel: Ein Mensch kann zwar die Veranlagung zum AD(H)S haben (also die Anlage), es muss jedoch nicht für die Umwelt sichtbar werden. Trotzdem kann es an die nächste Generation weitervererbt werden.

Neurologische Untersuchungen zur fachlichen Feststellung von AD(H)S sind kompliziert und vielschichtig. Faktoren wie beispielsweise Zeitpunkt der Diagnose, Äußerungen der Symptomatik, die trotz der bekannten Kernsymptomatik recht unterschiedlich ausfallen können, und Begleiterscheinungen spielen dabei eine große Rolle.

Daher sagen wir, dass es sich bei AD(H)S um ein sogenanntes »multikausales« Geschehen handelt, und es sind sowohl die genetischen, neurobiologischen als auch die psychosozialen Faktoren, die durch ihr Zusammenwirken die AD(H)S-Symptomatik entstehen lassen.

Die drei Kernsymptome

In diesem Kapitel möchte ich die drei Kernsymptome von AD(H)S näher betrachten. Ich erlebe in der Praxis oft, dass Eltern schon viel über AD(H)S wissen. Trotzdem ist es meistens hilfreich, die eigentlichen Hauptsymptome zu erklären. Denn auf diese drei sind alle Verhaltensweisen und Besonderheiten von AD(H)S-Kindern zurückzuführen.

Die drei Kernsymptome eines AD(H)S sind eine gestörte Aufmerksamkeit, Hyperaktivität und Impulsivität. Wichtig ist, dass alle Symptome in allen Lebensbereichen des Kindes auftreten müssen, um wirklich von einem AD(H)S zu sprechen. Wenn die Auffälligkeiten nur in einem Lebensbereich zum Tragen kommen – beispielsweise ist ein Kind zu Hause unauffällig, zeigt aber in der Schule die Kernsymptomatik –, dann können Sie davon ausgehen, dass Ihr Kind kein AD(H)S hat. Wenn Ihnen beim Lesen das eine oder andere sehr bekannt vorkommt und es Ihren Alltag belastet, dann ist es auf jeden Fall ratsam, eine Überprüfung Ihres Kindes auf AD(H)S anzustreben.

Unaufmerksamkeit

Die Unaufmerksamkeit hat natürlich insbesondere in der Schule negative Folgen. Betroffene Kinder machen häufig Flüchtigkeitsfehler und können sich nicht oder nur schwer auf den Unterricht konzentrieren. Sie beginnen Aufgaben, bringen sie jedoch nicht zu Ende, und sie vergessen oder verlieren häufig Gegenstände. Kinder mit einem AD(H)S sind reizoffen und somit von sämtlichen Geschehnissen um sich herum leicht ablenkbar. Das führt dazu, dass Hausaufgaben eine gefühlte Ewigkeit dauern oder auch gar nicht zu Ende gebracht werden können.

Hyperaktivität

Eine stark ausgeprägte Bewegungsfreude führt dazu, dass betroffene Kinder nicht lange still sitzen können. Sie springen häufig bei sitzenden Tätigkeiten auf, klettern oder rennen, egal, wo sie sich gerade befinden. Sie spielen häufig recht laut und reden gern viel. Sie wirken sehr unruhig und sind ständig in Bewegung. Am Tisch zappeln sie herum, ihre Beine und Arme finden keine Ruhe.

… oder Hypoaktivität

Hypoaktiv ist das Gegenteil von hyperaktiv und kann auch als unteraktiv bezeichnet werden. Hypoaktive ADSler*innen werden häufig auch als Träumerchen bezeichnet und fallen in der Schule nicht durch Unterrichtsstörungen auf. Ein Träumerchen verschwindet gern mal in seine eigene Gedankenwelt und wirkt für die Außenwelt schwer erreichbar. Ein geringes Arbeitstempo führt dazu, dass diese Kinder für Aufgaben oft viel Zeit benötigen.

Impulsivität

Die Impulsivität macht sich meistens durch eine mangelnde Zurückhaltung in verschiedenen Situationen bemerkbar. So können die Kinder nicht abwarten, im Unterricht aufgerufen zu werden, und platzen häufig mit ihren Gedanken heraus. Sie ignorieren Reihenfolgen und handeln unüberlegt. Bedürfnisse aufzuschieben oder mal etwas abzuwarten fällt ihnen sehr schwer.

Begleiterscheinungen von AD(H)S

Es gibt verschiedene Begleiterscheinungen von AD(H)S, die man teilweise als problematisch, oft aber auch als echte Ressource ansehen kann. Zum Beispiel erfinden manche Kinder gern ihre eigenen Regeln, sodass es ihnen schwerfällt, sich an die allgemeinen Regeln zu halten. Ein Brettspiel zu spielen kann damit zu einer Herausforderung werden.

Kinder mit AD(H)S besitzen eine unglaubliche Willenskraft und können endlos diskutieren. Wenn Sie also einen Wunsch nicht direkt erfüllt bekommen, können sie sehr überzeugend für ihre Wünsche einstehen. Sie gelten dabei als sehr temperamentvoll und können schnell von tieftraurig zu übermäßiger Freude wechseln.

Was jegliche Beschäftigungen anbelangt, so können AD(H)S-betroffene Kinder Tätigkeiten einerseits sehr ausdauernd ausführen und andererseits schnell zur nächsten Sache wechseln. Vielleicht ist Ihnen beim Spielen Ihres Kindes schon mal aufgefallen, dass es sehr schnell von Playmobil zum Puzzeln und dann wieder zum Malen oder anderen Tätigkeiten springen kann.

Es fällt aber auch auf, dass sich Menschen mit AD(H)S häufig stundenlang mit einer Thematik auseinandersetzen können. Diese sogenannte Hyperfokussierung betrifft insbesondere Situationen mit für das Kind interessanten Beschäftigungen oder Themen. Auch in neuen und spannenden Situationen können AD(H)S-Kinder kurzfristig sehr konzentriert sein. Jedoch ist die Aufmerksamkeit dann häufig nicht sehr lange zielgerichtet, da alles gleich spannend und wichtig erscheint. So kann der Stift des Sitznachbarn, das Hundebellen vor dem Fenster oder die Beschaffenheit des Tisches interessanter werden als die eigentliche Beschäftigung.

Während sie Aufgaben und Ereignisse des Tages relativ schnell vergessen, haben AD(H)S-Kinder ein sehr gutes Gedächtnis für Vergangenes. Die Aufforderung, etwas aus dem Keller zu holen, vergisst Ihr Kind vielleicht schon auf dem Weg dorthin, kann sich aber sehr gut an den Zoobesuch aus dem letzten Jahr erinnern.

Motorisch sind Kinder mit AD(H)S sehr aktiv, wobei feinmotorisch Schwierigkeiten beim schnellen Schreiben auftreten können. Daraus kann mitunter eine schlecht lesbare Schrift resultieren.

Auffällig ist, dass Menschen mit AD(H)S äußerst hilfsbereit sind und sich gern für andere einsetzen, da sie einen hohen Gerechtigkeitssinn haben. Oftmals engagieren sich AD(H)S-Kinder für Jüngere und Schwächere, ohne dabei an die Konsequenzen für sich selbst zu denken. Das führt manchmal dazu, dass die Kinder in Konflikte geraten, für die sie gar nichts können oder die sie gar nicht hervorgerufen haben.

Es ist mitunter schwierig, ein AD(H)S von einer Hochsensibilität zu unterscheiden, da einige Symptome ähnlich sein können. Dazu gehören eine sehr hohe Empathiefähigkeit und ein gutes Gespür für Atmosphären. AD(H)Sler haben sehr feine Antennen für

Stimmungslagen und können sich damit sehr gut in andere Menschen hineinversetzen. Wenn es ihren Mitmenschen schlecht geht, sind sie wunderbare Tröster, und das auf eine sehr ehrliche und aufrichtige Art und Weise.

Welche Eigenschaften schätzen Sie an Ihrem Kind besonders?

Ihre Hilfsbereitschaft und Fürsorglichkeit sind Eigenschaften, die ich besonders an meiner Tochter schätze.
Mark, Vater von Sonja, 10, ADS[2]

Meine Tochter hat viele tolle Eigenschaften: Sie ist fröhlich, ehrlich, optimistisch, sie kuschelt gern mit Mama, und sie hat Humor. *Katrin, Mutter von Karolina, 11, ADS*

Ich schätze alles an meinen Jungs, sie sind großartige Kinder, und ich bin stolz auf sie. *Mike, Vater von Sven, 11, und Sören, 9, beide ADHS*

Besonders schätze ich die Fähigkeit der bedingungslosen Liebe, dass nichts ewig nachgetragen wird. Und wenn das Interesse an etwas geweckt ist, entsteht bei meinem Sohn ein Hyperfokus mit Ausdauer, Wille und Motivation. *Vera, Mutter von Raphael, 13, ADHS*

Mein Sohn ist sehr humorvoll. Ich bewundere sein starkes Selbstbewusstsein sehr. *Beate, Mutter von Leif, 15, ADHS*

Die Ressourcen unserer Kinder

AD(H)S-betroffene Menschen haben vielfältige Ressourcen. Unter anderem besitzen sie eine großartige Fantasie, die sie in vielerlei Weise einbringen können, sei es in Schauspiel, Geschichtenerzählen oder Malen. Gleichzeitig macht ihre Hochsensibilität sie zu äußerst empathischen Menschen, die Stimmungen anderer ganz klar spüren können. Meist besitzen sie eine große Tierliebe und sind gefühlvolle Menschen.

Beim Thema Ressourcen denke ich gern an die Kinder, die zu mir in die Praxis kommen. Zum Beispiel an einen zehnjährigen hyperaktiven Jungen mit einem tollen Sinn für Humor. Er kam zu mir, weil er sich in der Schule einfach nicht konzentrieren konnte. Seine ständigen Witze und seine Mimik machten ihn zu einem kleinen Sonnenschein. Er weiß genau, welcher Spruch in welcher Situation passt, und oft können wir das gemeinsame Lachen sehr genießen.

Auch denke ich gern an einen hyperaktiven neunjährigen Jungen, der Schwierigkeiten im Sozialverhalten zeigte, von dem ich jede Menge über Dinosaurier lernen durfte. Ich war überrascht und fasziniert, wie viele verschiedene Arten er kannte und was er alles über sie erzählen konnte. Ich habe es geradezu genossen, ihm bei seinen Erzählungen zuzuhören, jedoch fiel es mir unheimlich schwer, mir die außergewöhnlichen Namen der verschiedenen Arten zu merken. Aber die Art und Weise, wie er davon erzählte, war einfach toll, und ich bin mir sicher, er wird in seinem Beruf von seiner sprachlichen Begabung profitieren können.

Ein anderes Kind, das aufgrund seiner mangelhaften Aufmerksamkeit und einer begleitenden Legasthenie zu mir kommt, ist ein Mädchen, 13 Jahre, hypoaktiv. Sie hat einen Hund, Kaninchen und Hühner. Sie setzt sich für Tiere ein und liebt den Umgang mit ihnen. Sie hegt und pflegt ihre Tiere fürsorglich und kennt sich sehr gut mit ihnen aus. Sie möchte später Tierärztin werden, und ich traue ihr diesen Beruf uneingeschränkt zu.

Nicht zuletzt möchte ich noch von einem Jungen, sieben Jahre, hypoaktiv, berichten. Er ist hochgradig impulsiv und neigt zu aggressiven Schüben, gleichzeitig fing er schon früh an zu malen, wie mir seine Eltern erzählten. Inzwischen malt er vor allem Landschaftsbilder in einer Art und Qualität, wie es viele Erwachsene nicht vermögen. Er beschäftigt sich meist mehrere Wochen mit einem Bild, und das in einer Feinheit und Akribie, die beeindruckend ist.

Dies sind nur ein paar Beispiele aus meiner Praxis. Sie sehen, welche Begabungen Kinder mit AD(H)S haben können. Deshalb sollten Sie ein AD(H)S niemals nur als Defizit sehen, sondern auch beachten, dass die Potenziale Ihres Kindes ausgeschöpft und geachtet werden.

AD(H)S in Kindheit, Jugend und Erwachsenenalter

Eine wichtige Information gleich zu Beginn: Nein, ADHS »wächst sich nicht aus«, sondern besteht auch noch in der Jugend und im Erwachsenenalter. Bei rund 40 Prozent der Betroffenen schwächen sich die Symptome so weit ab, dass keine Beeinträchtigung im Alltag mehr erkennbar ist. Für die verbleibenden 60 Prozent ist es umso wichtiger, schon früh mit dem AD(H)S umgehen zu lernen und konstruktive Verhaltensweisen zu erproben.

Oftmals wird ein AD(H)S erst in der Schule so richtig deutlich, denn hier heißt es still sitzen, sich konzentrieren und zuhören. Allerdings können betroffene Kinder auch schon im Kindergartenalter oder gar als Säugling auffällig werden. In dieser Zeit gibt es jedoch genügend Möglichkeiten, um auf den überdurchschnittlichen Bewegungsdrang der Kinder einzugehen und sie sich ausleben zu lassen.

Bei der Suche nach frühen Erscheinungen oder Vorläufern für AD(H)S findet man häufig Besonderheiten im Temperament und mögliche Regulationsstörungen. Ein Teil der später diagnostizierten Kinder weist oft schon im Vorschulalter ein »schwieriges« Temperament auf. Auffällig sind dann Verhaltensweisen wie nicht abwarten können, mit Antworten herausplatzen oder häufige Stimmungswechsel.

Eine zentrale Entwicklungsaufgabe im Kindesalter ist die sogenannte Selbstregulation beziehungsweise Selbstkontrolle. Diese wiederum erweitert sich zur Impulskontrolle, die später für die Ausbildung sozialer Kompetenzen wichtig wird. Sowohl die Selbst- als auch die Impulskontrolle sind Fähigkeiten, die beim Planen von Handlungen wichtig sind und auch bei der Verfolgung von Zielen benötigt werden. Schon Kinder benötigen sie bei konkreten alltäglichen Handlungen wie Anziehen, die Schultasche packen, den Tag gestalten, aber auch beim Spielen.

Symptome im Kleinkindalter

Im Kleinkindalter zeigt sich die Hyperaktivität in erster Linie durch ständige Unruhe und risikohaftes Verhalten. Kinder mit einem AD(H)S-Risiko lassen sich nur schwer wickeln oder füttern, da ihre motorische Unruhe dazu führt, dass sie ruhende Positionen nicht halten können. Sie beginnen mit einer Sache und brechen sie schnell wieder ab, fangen Spiele an und beenden sie schnell wieder. Vielleicht beobachten Sie bei Ihrem Kind auch, dass es schlecht abwarten kann und ständig in Gespräche reinplatzt. Ermahnungen nehmen AD(H)Sler*innen grundsätzlich wahr, sie haben aber schon nach kurzer Zeit keine Wirkung mehr.

Symptome im Schulalter

Durch die strengeren Anforderungen an die Aufmerksamkeit verschärfen sich die Symptome des Unkonzentriertseins mit Eintritt in die Schule. Meist äußern sie sich in einer mangelhaften Mitarbeit. Stattdessen wird gezappelt, geredet, durch den Raum gelaufen und abgelenkt. Das Störverhalten wirkt sich auch auf die Mitschüler*innen aus.

Die Bundeszentrale für gesundheitliche Aufklärung beschreibt Kinder mit AD(H)S in diesem Alter folgendermaßen: »Sie werden leicht wütend und können sich nur schwer beruhigen. Beständige Freundschaften werden nur schwer geschlossen, weil jähzorniges und streitsüchtiges Verhalten im Vordergrund steht. Ermahnungen und Aufforderungen von Erwachsenen werden nicht gehört oder nicht beachtet. Grenzen werden nicht eingehalten. Das Verhalten Erwachsenen gegenüber kann trotzig und aggressiv sein.«[3] Ich möchte an dieser Stelle aber noch einmal betonen, dass der Übergang von einem AD(H)S zu einem sehr stark ausgeprägten Bewegungsdrang fließend ist. Sollten Sie also von einer Lehrkraft darauf aufmerksam gemacht werden, dass Ihr Kind durch überhöhte Aktivität auffällig ist, sollten Sie dem nachgehen, indem Sie fachliche Hilfe suchen. Eine Fachärztin oder ein Psychologe kann dann feststellen, ob es sich tatsächlich um ein AD(H)S handelt, und behilflich bei der Wahl einer geeigneten Therapie sein. Manchmal kann es sich aber tatsächlich auch um einen übermäßigen Bewegungsdrang handeln, dem Sie mit Sport und viel Bewegungsmöglichkeiten wunderbar entgegenkommen können.

Symptome bei Jugendlichen

Wie bereits erwähnt, verschwindet AD(H)S nicht mit dem Älterwerden. Jugendliche mit einem AD(H)S zeigen in der Regel eine Verschiebung der Symptomatik. Die für die Umwelt sichtbare Hyperaktivität verwandelt sich in ein Gefühl der inneren Unruhe. Oft werden Planungs- und Ordnungsdefizite sichtbar, und Eltern nehmen mögliche Defizite im sozialen Umgang wahr. Die Hauptaufgabe in diesem Lebensabschnitt ist die Identitätsfindung, die sich im Zusammenspiel mit der Umwelt herausbildet. Einige Jugendliche mit AD(H)S haben Schwierigkeiten bei der Neudefinition sozialer Beziehungen und können in Konflikte oder Auseinandersetzungen mit Autoritäten geraten. Außerdem kann es durch Erfahrungen der Ausgrenzung und des Andersseins zu Krisen in der Selbstwertentwicklung kommen.

Symptome bei Erwachsenen

AD(H)S galt früher als Störung im Kindes- und Jugendalter. Doch in den letzten Jahren ist eine Reihe von einschlägigen wissenschaftlichen Publikationen zum Thema AD(H)S im Erwachsenenalter erschienen.[4] Zum Beispiel zeigen Steinhausen und Sobanski, dass viele Erwachsene nach wie vor AD(H)S-typische Symptome aufweisen, wobei die innere Unruhe, ein Aufmerksamkeitsdefizit, Störungen der Impulskontrolle und Störungen der Alltags- und Selbstorganisation am häufigsten sind. Innere Unruhe äußert sich oft durch ein hohes Bedürfnis nach sportlicher Betätigung. Von AD(H)S betroffene Menschen wählen oft keine Berufe mit sitzender Beschäftigung, da diese in der Regel als Überforderung empfunden werden. Sie bevorzugen eher Berufe mit rasch wechselnden Anforderungen und Mobilität.

Die Schwierigkeiten in der Impulskontrolle führen dazu, dass Betroffene meistens aus dem Moment heraus agieren, ohne Handlungen zu planen oder Entscheidungen zu überdenken. Das kann dazu führen, dass Beziehungen schnell geschlossen, aber auch schnell wieder gelöst werden.

Insgesamt verläuft das Leben AD(H)S-betroffener Menschen häufig eher unstrukturiert und ist sowohl beruflich als auch privat von vielen Wechseln geprägt.

Wer darf diagnostizieren?

Eltern, die zu mir in die Praxis kommen, berichten häufig davon, dass es Schwierigkeiten in der Schule und auch zu Hause mit Ihrem Kind gibt. Dies ist meist auch der Grund dafür gewesen, dass sie sich an Fachleute gewandt haben. Der Leidensdruck selbst ist dann häufig sehr unterschiedlich. Einige wollen »nur« die Gewissheit haben, ob ihr Kind AD(H)S hat oder nicht, und andere haben schon einen langen Weg mit vielen schlechten Erfahrungen hinter sich. Damit Sie wissen, wie Sie zu einer klaren Diagnose kommen, möchte ich Ihnen im Folgenden zeigen, wer alles diagnostizieren darf, womit Sie rechnen können und was das dann für Konsequenzen haben kann.

Für eine klinische Diagnose sollten Sie immer einen erfahrenen Facharzt, Psychologen oder Therapeuten aufsuchen. Bedenken Sie: Eine Diagnostik braucht ihre Zeit, denn AD(H)S ist eine sogenannte dimensionale Diagnose. Das bedeutet, dass die Ausprägung der Symptomatik irgendwo auf einer Skala zwischen »überhaupt nicht« bis hin zu »sehr stark« zu finden sein kann. Insbesondere im mittleren Feld, also am Wendepunkt zwischen »AD(H)S ja und AD(H)S nein«, ist die Diagnose am schwierigsten zu stellen, da wir uns an dieser Stelle in einer Art Grauzone befinden. Deshalb benötigt es wirklich erfahrene und spezialisierte Fachkräfte zur Diagnostik. Das Verfahren zur Diagnose schließt eine intensive Befragung der Eltern, der Lehrkräfte und, je nach Alter des betroffenen Kindes, eine Selbstbeurteilung anhand von Fragebögen zur Symptomatik ein. Diese Fragebögen müssen zuverlässig und kompetent durch Fachkräfte ausgewertet werden.

AD(H)S ist außerdem eine sogenannte Ausschlussdiagnose: Bevor ein AD(H)S diagnostiziert werden kann, müssen erst andere Störungsbilder, Mangelerscheinungen oder Erkrankungen ausgeschlossen werden. Eine Diagnose besteht also aus umfangreichen Testverfahren.

Für den diagnostischen Prozess empfehlen Fachärzt*innen daher drei bis fünf Sitzungen von je 45 Minuten auf sechs verschiedenen Ebenen.

Diese »multiaxiale« (auf mehrere Achsen verteilte) Diagnostik umfasst folgende Bereiche:

- die kinderpsychiatrische Untersuchung
- die Untersuchung von gegebenenfalls vorliegenden Entwicklungsstörungen
- einen Intelligenztest
- eine körperliche Untersuchung

- die Untersuchung der psychosozialen Belastung
- die Einschätzung des Schweregrades der sozialen Funktionseinschränkungen

Die multiaxiale Diagnostik kann manchmal eine Weile in Anspruch nehmen, aber es ist wichtig, dass alle Bereiche abgecheckt werden, um Fehldiagnosen zu vermeiden.

Wie finden Sie die passende Fachärztin oder den passenden Facharzt?

Um einen erfahrenen Arzt oder eine Ärztin zu finden, suchen Sie vermutlich erst einmal in Ihrem Umkreis über das Internet – hier finden Sie mit Sicherheit schon mal viele Adressen. Auch der Weg über den Kontakt zu Selbsthilfegruppen ist zu empfehlen, da hier schon Erfahrungen bestehen.

Seien Sie wachsam: Leider kommt es immer wieder dazu, dass nach einer kurzen Untersuchung beim Kinderarzt die Diagnose AD(H)S gestellt wird und sehr schnell zur medikamentösen Behandlung geraten wird. Holen Sie sich eine zweite Meinung ein.

Eine gute und vertrauensvolle Zusammenarbeit mit dem behandelnden Arzt oder der behandelnden Ärztin stellt eine wichtige Grundlage zur gewinnbringenden Behandlung dar.

Anlaufstellen sind oft auch sozialpädiatrische Zentren (SPZ), medizinische Versorgungszentren (MVZ) oder Beratungsstellen für Kinder, Jugendliche und Familien.

Wie wird diagnostiziert?

Zur Diagnose gehören zunächst die Feststellung der Symptomatik hinsichtlich Häufigkeit und Intensität, die Benennung der Situationen, in denen das Kind auffällig ist, und das Feststellen von Begleiterscheinungen. Dafür werden Fragebogenverfahren, Verhaltensbeobachtung und Verlaufskontrollen verwendet. Der letztgenannte Punkt wird für einen individualisierten Diagnoseverlauf über einen längeren Zeitraum benötigt und spielt dabei eine große Rolle, denn es ist sinnvoll, die Diagnostik eines AD(H)S in verschiedenen Altersstufen zu betrachten. Beispielsweise weist AD(H)S im Vorschulbereich Besonderheiten auf, die zu berücksichtigen sind. Individuelle Entwicklungsverläufe machen es dabei schwer, ein AD(H)S zu diagnostizieren und andere Störungen auszuschließen.

Auch im Jugendalter gibt es diagnostische Besonderheiten, denn in dieser Entwicklungsstufe dominieren neben Schulleistungsstörungen leichte Beeinflussbarkeit, Stimmungslabilität und risikosuchendes Verhalten als typische Symptome eines AD(H)S. Eine Diagnose im Jugendalter ist seltener als eine Diagnose im Grundschulalter. Grund für eine erst so spät erfolgende Diagnose können gut funktionierende Kompensationsmechanismen sein, wie zum Beispiel eine hohe Intelligenz.

Egal in welchem Alter Ihr Kind diagnostiziert werden soll, wichtig bei jeder Diagnose ist eine pädiatrische und neurologische Basisuntersuchung, um organische Grunderkrankungen oder somatische Begleiterscheinungen auszuschließen. So muss jedes (Klein-) Kind auf Hör- und Sehfähigkeiten untersucht werden. Doch bevor eine Fachkraft die Diagnostik mit dem Kind vornimmt, wird sie zunächst ein Erstgespräch mit Ihnen führen. Dies ist die sogenannte Anamnese. Das Erstgespräch beinhaltet die Abfrage über die aktuelle Symptomatik und Problematik, die Entwicklungsanamnese hinsichtlich Schwangerschaft und Säuglingszeit, die körperliche und medizinische Anamnese, die kognitive Entwicklung, Emotionalität und Temperament, familiäre Beziehungen, Beziehungen zu Gleichaltrigen, Lebensereignisse sowie den familiären, kulturellen und gesellschaftlichen Hintergrund. Ist Ihr Kind älter als sieben Jahre, wird der oder die Diagnostiker*in fragen, ob die ersten Symptome vor dem siebten Lebensjahr aufgetreten sind und ob es eine konstante Symptomatik in mindestens zwei Lebensbereichen (Schule, Familie, Freundeskreis) gibt. Nach der Anamnese kann es sein, dass der oder die Diagnostiker*in eine Beobachtung des Spielverhaltens Ihres Kindes vornehmen möchte. Dies wird häufig für die Auswertung auf Video aufgenommen und mit Ihnen besprochen. Das findet aber nicht immer statt, denn manchmal reicht für die Diagnose auch die Anamnese; das wird in der Regel von der jeweiligen behandelnden Fachkraft entschieden.

Jede Menge Fragebögen

Was sind das aber nun für Fragebögen, mit denen Fachärzt*innen da arbeiten? Insgesamt gibt es eine Vielzahl an nationalen und internationalen Fragebögen für die verschiedenen Bereiche. Ich möchte Ihnen anhand von zwei Beispielen zeigen, welche Inhalte ein solcher Fragebogen enthalten kann.

Wir unterscheiden zwischen Fremdbeurteilungsbögen für Eltern und für Lehrkräfte und Selbstbeurteilungsbögen für Jugendliche und Erwachsene. Innerhalb der Diagnostik von AD(H)S im Kindes- und Jugendalter kann der Selbstbeurteilungsbogen ab einem Alter von elf Jahren eingesetzt werden. Mit steigendem Alter gewinnen Selbstauskünfte zunehmend an Bedeutung, da Jugendliche beispielsweise mehrere Lehrkräfte haben und diese verkürzte Wochenzeiten mit den betroffenen Schüler*innen verbringen, die nicht ausreichen, um ein gesichertes Urteil abgeben zu können.

Für die Diagnostik im Grundschulalter werden standardisierte Fragebögen für Eltern und Lehrende eingesetzt. Es hat sich herausgestellt, dass Fremdbeurteilungsbögen sicherere Ergebnisse ergeben als Selbstbeurteilungsverfahren, da die Möglichkeit zur Selbstauskunft stark abhängig von Alter, Intelligenzniveau und Begleiterscheinungen ist.

Im deutschen Sprachraum wird zumeist der Fremdbeurteilungsbogen für hyperkinetische Störungen (Abkürzung: FBB-HKS, neue Fassung bekannt als FBB-AD(H)S) eingesetzt, der sich auf Symptome entsprechend der Klassifikationsschemata bezieht und als geprüftes und normiertes Verfahren gilt. Dieser Fragebogen stammt aus dem Diagnostiksystem für psychische Störungen im Kinder- und Jugendalter und ist in verschiedenen Versionen erhältlich. Der Fragebogen beinhaltet verschiedene Aussagen, bei denen Sie durch Ankreuzen beurteilen müssen, wie zutreffend diese sein können. Insgesamt müssen 35 Aussagen beurteilt werden. Unter Anderem gehört dazu die Beurteilung von:

- Flüchtigkeitsfehlern
- Aufmerksamkeitsspanne
- Zuhören
- Organisation
- Verlieren von Gegenständen
- Ablenkbarkeit
- Vergesslichkeit
- Zappeligkeit
- Bewegungsdrang
- Impulsivität
- Abwarten
- Redefluss
- Belastungen

- Beeinträchtigungen von Beziehungen zu Eltern, Geschwistern, Gleichaltrigen
- Erledigung von Aufgaben

Der sogenannte FVU (Fragebogen zur Verhaltensbeurteilung im Unterricht) ist Bestandteil des Kinder-Diagnostik-Systems für Aufmerksamkeitsdefizit-/Hyperaktivitätsstörungen und richtet sich ausschließlich an Lehrkräfte. Er liefert in diesem Zusammenhang Informationen zur Verlaufsbeurteilung in der Diagnostik. Dieser Fragebogen wird somit für eine detaillierte Beurteilung der AD(H)S-Symptomatik für bestimmte Tage oder Unterrichtsstunden eingesetzt.

Insgesamt umfasst der FVU zehn Skalen, die sich thematisch in Aufmerksamkeitsproblem und Regelbeachtung unterteilen lassen.

Die Skalen zu den Aufmerksamkeitsproblemen lauten:

- Hat im Unterricht Schwierigkeiten, mit den Aufgaben zu beginnen.
- Hat Schwierigkeiten, während des gesamten Unterrichts bei den Aufgaben zu bleiben.
- Hat Probleme, die Aufgaben im Unterricht vollständig zu beenden.
- Hat Schwierigkeiten mit der Genauigkeit oder Ordentlichkeit der schriftlichen Arbeiten.
- Hat Schwierigkeiten, bei Gruppenaktivitäten oder Diskussionen während des Unterrichts aufmerksam zu sein.
- Hat Schwierigkeiten, während des Unterrichts zur nächsten Aufgabe oder Aktivität zu wechseln.

Die Skalen zur mangelnden Regelbeachtung lauten:

- Hat während des Unterrichts Probleme in der Interaktion mit Klassenkamerad*innen.
- Hat während des Unterrichts Probleme in der Interaktion mit Lehrkräften.
- Hat Probleme, während des Unterrichts ruhig zu arbeiten (entsprechend den Regeln).
- Hat Probleme, während des Unterrichts sitzen zu bleiben (entsprechend den Regeln).

Die Fragen werden auf einer vierstufigen Skala mit den Ausprägungen gar nicht (0) bis sehr stark (3) beantwortet.

Sie haben nun zwei Beispiele für mögliche Fragebögen kennengelernt, die eingesetzt werden, um ein AD(H)S zu diagnostizieren. Meiner Erfahrung nach ist es die individuelle Entscheidung des Diagnostikers bzw. der Diagnostikerin, welche Fragebögen für den jeweiligen Ansprechpartner, also Eltern, Lehrkräfte oder die betroffene Person selbst, eingesetzt werden.

Wenn Sie nun eine Diagnose erhalten haben, ist es wichtig, die passende Therapie und Förderung für Ihr Kind in die Wege zu leiten. Mehr Informationen zu Therapie- und Fördermöglichkeiten finden Sie im Kapitel »Welche Therapie passt zu uns?«. Aber Sie können auch schon zu Hause viel dafür tun, dass Ihr Kind in seinen Stärken gefördert und in seinen Schwächen unterstützt und begleitet wird.

Potenzial statt Problem!

Wir können Tatsachen immer von zwei Seiten betrachten. Wir können nur die negativen Dinge sehen und alles schlechtreden. Aber vieles im Leben kann man auch von seiner guten Seite her betrachten. Was bringt es Positives mit sich, und wo kann ich etwas Gutes daran erkennen? Die Kunst liegt darin, den realistischen Blick zu behalten – aber mit einer Tendenz zur positiven Seite. Denn was Kinder über sich hören und wie andere sie wahrnehmen, beeinflusst ihr Selbstwertgefühl in hohem Maße. Bei Kindern mit AD(H)S ist das besonders wichtig, denn sie bekommen durchaus mit, dass sie von anderen Kindern und Familien als »irgendwie anders« und vielleicht sogar als »schwierig« gesehen werden. Dabei haben so viele positive Eigenschaften, die nicht unter den Teppich gekehrt werden dürfen! Wenn Sie Ihr Augenmerk auf die Ressourcen Ihres Kindes richten, wird sich vieles ändern. Ihr Kind selbst lernt dadurch, die eigenen Stärken zu erkennen und einzusetzen, und wird so ein gesundes Selbstbewusstsein entwickeln.

Ein bunter Alltag

Haben Sie sich schon häufiger bei dem Gedanken ertappt: Was haben wir bloß falsch gemacht? Was ist nur mit meinem Kind los? Der Alltag in der Familie ist hin und wieder anstrengend, denn Kinder mit AD(H)S haben ihren eigenen Kopf und wollen damit manchmal auch buchstäblich durch die Wand. Dadurch entstehen Ängste, Wut und Traurigkeit sowohl bei den Eltern, aber auch bei ihrem Kind.

Wichtig dabei ist: Weder Sie noch Ihr Kind haben etwas falsch gemacht! Ihr Kind hat eine andere Art und Weise, die Welt wahrzunehmen. Auch wenn Sie sich sicher sind, dass die wohlverdiente Schokolade genauso gut später noch gegessen werden kann, will Ihr Kind sie sofort haben. Es quengelt so lange, bis Sie entnervt nachgeben. Denn dieser sogenannte Belohnungsaufschub ist für ein Kind mit AD(H)S kaum auszuhalten. Alles muss sofort und gleich passieren.

Oder kennen Sie das? Sie haben gerade ein wichtiges Telefongespräch, und Ihr Kind möchte Ihnen ausgerechnet jetzt unbedingt etwas erzählen? Sie flüstern »Ich komme gleich«, doch Ihr Kind möchte sofort mit Ihnen sprechen. Sie werden vielleicht wütend, weil Sie Ihr Gespräch nicht ungestört zu Ende bringen können, und schimpfen mit Ihrem Kind. Doch Ihr Kind kann nicht anders, denn das Gefühl, abwarten zu müssen, ist in diesem Moment nicht zu ertragen.

Wieder andere Kinder sind nicht vom Spielen wegzubekommen, wenn es zu einem vereinbarten Termin gehen soll. Sie können Ihren Sohn oder Ihre Tochter zigmal auffordern, sich von Lego, Malbuch oder anderen Dingen zu lösen, Ihr Kind scheint völlig in seiner Fantasiewelt versunken. Auch in solchen Situationen werden Sie sicherlich häufig ungeduldig, und es fällt Ihnen schwer, die Ruhe zu bewahren.

Das sind kleine Beispiele aus dem Alltag, die sicher noch endlos weitergeführt werden könnten. Doch bedenken Sie, es gibt immer zwei Sichtweisen auf eine Situation. So, wie Sie die Situation wahrnehmen, muss Ihr Kind es nicht tun, und mit Sicherheit hat es eine ganz andere Meinung dazu. Veranschaulichen wir das mal anhand einiger Beispiele:

Die Situation aus Sicht der Eltern: Mein Kind …

- muss dauernd ermahnt werden.
- wirft ständig etwas um.
- braucht immer viel zu lange beim Anziehen.
- verliert ständig seine Sachen in der Schule.
- kann sich nicht an die Hausaufgaben erinnern.
- räumt das Zimmer nicht auf.
- braucht viel zu lange für die Hausaufgaben.

Die Situation aus Sicht des Kindes:

- Ständig bekomme ich Ärger, weil ich wieder etwas falsch gemacht habe.
- Ich versuche immer aufzupassen, trotzdem werfe ich etwas um, obwohl es mich genauso ärgert wie meine Eltern.
- Ich beeile mich schon so sehr, ich brauche einfach noch etwas Zeit.
- Es ärgert mich sehr, dass ich dauernd meine Schulsachen verliere, aber das passiert einfach von allein.
- Als es klingelte, musste es plötzlich so schnell gehen. Da habe ich es nicht geschafft, mir die Hausaufgaben zu notieren, deshalb habe ich versucht, sie mir zu merken.
- Ich möchte meine Spielsachen in meinem Zimmer nicht wegräumen, damit ich sofort wieder damit weiterspielen kann. Mich stört die Unordnung gar nicht.
- Schon wieder muss ich mich konzentrieren, dabei könnte ich jetzt viel spannendere Dinge tun. Ich möchte jetzt nicht hier sitzen und schreiben oder rechnen.

Versuchen Sie, sich in jeder noch so kleinen Situation in Ihr Kind hineinzuversetzen

- Erinnern Sie sich an das Gefühl, als Sie das letzte Mal etwas nicht abwarten konnten. Dieser kaum auszuhaltende Drang, etwas sofort und gleich haben zu wollen.
- Erinnern Sie sich an die Dinge, die Sie voll und ganz mitreißen. Wann waren Sie das letzte Mal so in einen Film vertieft, dass Sie alles um sich herum vergessen haben?

Sie haben nun einige Beispiele gelesen, die Ihnen vielleicht bekannt vorkommen und Ihren Alltag belasten. Aber wollten wir nicht positiv denken? Dann nehmen Sie sich einen Moment Zeit und denken Sie an die vielen wunderbaren Erfahrungen mit Ihrem Kind. Ich stelle immer wieder fest, dass wir Erwachsenen uns viel häufiger etwas von den Kindern abgucken sollten. Zum Beispiel ihre Leichtigkeit. Ein Kind mit AD(H)S ist im Hier und Jetzt – es spielt und ist vertieft und denkt nicht an Aufgaben, Erledigungen oder Aufträge. Nein, es genießt den Moment und versinkt in seinem Tun. Eine Eigenschaft, die uns leider häufig abhandenkommt, denn unser Alltag ist von Organisation und To-do-Listen bestimmt. Oder wie ist es mit Auseinandersetzungen? Kinder mit AD(H)S sind selten nachtragend. Da wird zwar gezofft, aber im nächsten Moment ist alles vergessen. Ich finde, das ist eine wunderbare Eigenschaft. Das ist auch ein Grund, warum ich so gern mit Kindern arbeite: Sie sind einfach ehrlich und sagen unverblümt ihre Meinung. Sie teilen uns mit, wenn sie etwas blöd finden (und das manchmal ziemlich direkt), sagen aber auch, was ihnen gefällt. Diese Eigenschaft haben AD(H)S-Kinder ganz besonders. Gerade durch ihre Begeisterungsfähigkeit können sie Ihnen mitteilen, was ihnen Spaß macht. Darin steckt ein großes Potenzial, auch Ihren Alltag fröhlicher zu gestalten. Nutzen Sie die Begeisterungsfähigkeit Ihres Kindes und lassen Sie sich mitreißen! Und sollte mal etwas nicht klappen, haben Sie einen ganz wertvollen Trostspender an Ihrer Seite. Natürlich soll es nicht die Aufgabe Ihres Kindes sein, Sie zu trösten, wenn etwas schiefläuft, aber es erwärmt mit Sicherheit Ihr Herz, wenn Ihr Kind Sie liebevoll und vielleicht auch ungestüm in den Arm nimmt.

AD(H)S-Kinder und ihre Geschwister

Konflikte kommen in allen Familien vor – egal ob mit oder ohne AD(H)S, das ist ganz normal. Im Alltag von Familien mit AD(H)S-Kindern kann es aber immer wieder zu großen Spannungen kommen, vor allem wenn nicht betroffene Geschwisterkinder im Spiel sind. Für Geschwister, insbesondere jüngere Geschwister, ist es manchmal nicht leicht zu verstehen, warum sich der Bruder oder die Schwester oft so anders verhält. Es kommt häufig zu Streitereien und Machtkämpfen. Dabei kann es passieren, dass das AD(H)S-betroffene Kind die eigenen Kräfte nicht richtig einzuschätzen weiß, sodass es hin und wieder auch Verletzungen geben kann. Vermeintliche Rangeleien um Kleinigkeiten arten dann in handfeste Auseinandersetzungen aus. Und Sie finden sich wieder im täglichen Spagat zwischen der viel geforderten Aufmerksamkeit vonseiten des AD(H)S-Kindes und der Sorge, dass das zweite oder dritte Kind dabei zu kurz kommt. Wichtig ist, in der Familie offen und klar über AD(H)S zu sprechen. Erklären Sie im Familienkreis, was AD(H)S bedeutet und dass Ihr Kind nicht böswillig agiert. Das fördert sowohl das Verständnis aufseiten der Geschwisterkinder, und auch Ihr AD(H)S-betroffenes Kind wird sich so besser verstanden fühlen.

Oft wird es noch schwieriger, wenn das Thema Schule hinzukommt. Möglicherweise schneidet das jüngere, nicht betroffene Geschwisterkind besser in der Schule ab als Ihr AD(H)S-Kind. Eine normale Konkurrenz wird durch die AD(H)S-Problematik natürlich noch verstärkt, da sind Konflikte vorprogrammiert. Es kann zu massiven Streitigkeiten oder vielleicht auch zu einem emotionalen Rückzug des AD(H)S-Kindes kommen. Am besten hilft es dann, die Kinder schulisch so weit wie möglich zu trennen. Verschiedene Schulen können dazu beitragen, dass der Vergleich zwischen ihnen weniger ins Gewicht fällt. Wenn möglich sollten sie ihre Hausaufgaben nicht gemeinsam zu Hause machen, und auch das häusliche Üben sollte räumlich strikt getrennt werden. So können die Kinder sich nicht gegenseitig ablenken, und die individuelle Motivation ist damit meistens höher. Versuchen Sie auch, Ihre Kinder beide zu loben – und zu kritisieren, wenn es nötig ist.

- Behandeln Sie Ihre Kinder alle gleichwertig.
- Verteilen Sie Lob und Kritik bei allen Kindern gleichermaßen.
- Halten Sie keinem Kind vor, dass es schlechter ist.
- Betonen Sie bei keinem Kind, dass es besser ist.
- Vermeiden Sie grundsätzlich Vergleiche.
- Kein Kind sollte mehr Zuwendung bekommen.
- Teilen Sie getrennte Hausaufgabenzeiten ein.
- Lassen Sie Ihre Kinder unterschiedliche Schulen besuchen.
- Vermeiden Sie grundsätzlich Bestrafungen und versuchen Sie, Ihre Kinder positiv zu bestärken.
- Sprechen Sie mit der Familie und Verwandten über Ihre Situation und Ihre Gefühle.

Auch hier ist es gut und wichtig, den Blick auf die positiven Aspekte des Miteinanders zu lenken. Bei allen Problemen, die es innerhalb des Familiengefüges geben kann, habe ich immer wieder festgestellt, dass Geschwister zusammenhalten, wenn es hart auf hart kommt. Die Bindung zwischen ihnen ist wie bei allen Geschwistern in der Regel vorhanden, und insbesondere wenn die Kinder zu Jugendlichen heranwachsen, habe ich immer wieder gesehen, dass sie durchaus gut miteinander auskommen.

AD(H)S und digitale Medien

Florian, 10 Jahre, ist sehr interessiert an Mathe. Er konnte schon früh die Grundrechenarten, und der Umgang mit Zahlen macht ihm einfach großen Spaß. In den anderen Fächern ist er relativ gut, jedoch fällt es ihm manchmal schwer, dort zuzuhören. Er ist häufig müde, aber trotzdem körperlich aktiv, und er wirkt deshalb unausgeglichen und launisch. Zu Hause ist es ähnlich: Beim Mittagessen zappelt er herum und redet in einer Tour. Und auch bei den Hausaufgaben und beim Spielen fällt es ihm schwer, sich zu fokussieren. Es gibt eigentlich nur eins, was ihm dann noch hilft: das Smartphone der Eltern oder das Tablet. Damit kann er stundenlang spielen, ohne einen Ton von sich zu geben. Er taucht in eine andere Welt ab und ist dann nur schwer davon loszukriegen.

Was Florian also braucht, sind bewegte Bilder, die ihn fesseln und die ihn dazu bringen, zur Ruhe zu kommen. Vielleicht kommt Ihnen die Situation mit Florian ja bekannt vor, und Sie greifen auch hin und wieder zu digitalen Mitteln, um etwas Ruhe in Ihr Familienleben zu bekommen. Ich kann Sie beruhigen, Sie sind damit nicht allein.

Denn natürlich sind digitale Medien in allen Familien im Alltag ein Thema. Smartphone, Tablet, PC, aber auch das Fernsehgerät, sie alle haben eine hohe Anziehungskraft auf Kinder und Jugendliche. Sie dienen dem Zeitvertreib, haben einen hohen Aufforderungscharakter und ermöglichen es gleichzeitig, sich in andere Rollen versetzen zu können. Kurz: Digitale Medien sind nicht wegzudenken, sollten aber den Alltag des Kindes nicht vollends einnehmen. Wichtig dabei ist, dass Sie Ihr eigenes Medienverhalten im Auge behalten, denn Sie sind das Vorbild Ihres Kindes.

Geben Sie ganz klare Zeiten vor, in denen die digitalen Medien genutzt werden dürfen. Verlangen Sie aber nicht, dass Ihr Kind diese auch eigenständig einhalten und überschauen kann. Ein Zeichen zehn Minuten, vielleicht auch noch mal fünf Minuten vor Ablauf der vereinbarten Zeit hilft Ihrem Kind, sich auf das Beenden des Spiels oder eines Videos vorzubereiten.

Viele befürchten, dass ihr Kind aufgrund der Nutzung digitaler Medien ein AD(H)S entwickeln könnte. Fakt ist aber, dass ein übermäßiger Medienkonsum zwar zu AD(H)S-typischen Symptomen führen kann, jedoch kein AD(H)S als Stoffwechselstörung verursacht. Das Gute dabei: Wenn AD(H)S-typische Symptome durch den Medienkonsum auftreten, so sind dies erlernte Mechanismen, die durch Umstrukturierung des Alltags und des Verhaltens auch wieder verlernt werden können.

Digitale Medien haben zweifellos ein hohes Ablenkungspotenzial und stehen deshalb im Verdacht, AD(H)S zu fördern. In den letzten Jahren sind zahlreiche Studien zu dieser Frage durchgeführt worden. Bei den meisten handelt es sich jedoch nur um Querschnittsstudien, die die Mediennutzung von AD(H)S-Patient*innen und anderen Jugendlichen verglichen haben. Eine Ursache-Wirkung-Beziehung lässt sich damit jedoch nicht herstellen.

Neben allen Gefahren, die digitale Medien sicher mit sich bringen können, dürfen wir nicht aus den Augen verlieren, dass Medien den Alltag auch bereichern können. Mit ihrer Hilfe wird die ganzheitliche Förderung Ihres Kindes sogar noch ergänzt. Nennen möchte ich in diesem Zusammenhang beispielsweise die App »Visual Helper«. Diese App unterstützt in visualisierter Form bei routinierten Tagesstrukturen und hilft dabei, neue Aufgabenbereiche zu erlernen. Es gibt auch eine Vielzahl an Lern-Apps, die in der Schule und zu Hause eingesetzt werden können. Hier ist es sinnvoll, mit der Lehrkraft Ihres Kindes zu sprechen und gemeinsam zu beraten, was Ihrem Kind beim Lernen helfen könnte.

AD(H)S in der Öffentlichkeit

In der Öffentlichkeit fallen ADHS-Kinder, sprich Kinder mit einer starken Hyperaktivität, häufiger auf als Kinder ohne Hyperaktivität. Besonders in Situationen, in denen Warten gefragt ist, kommen Eltern oft an ihre Grenzen. Im Wartezimmer, an der Kasse im Supermarkt, an der Bushaltestelle oder bei Beratungsterminen fällt es den Kindern schwer, sich zu beschäftigen oder das Warten auszuhalten. Ihr Bewegungsdrang wird für sie unerträglich und führt dazu, dass sie sich vielleicht aus der Situation entfernen, laut werden oder anfangen zu weinen.

Planen Sie deshalb jeden Ausflug in die Öffentlichkeit sorgfältig. Bereiten Sie Ihr Kind darauf vor, dass es zu Wartezeiten kommen kann. Es ist gut, wenn Sie gemeinsam mit Ihrem Kind darüber sprechen, was ihm oder ihr helfen könnte, um die Wartezeiten zu überbrücken. Die folgenden Tipps eignen sich insbesondere für Kinder bis zu zwölf Jahren, machen aber auch größeren Kindern oft noch Spaß.

Wartezeiten überbrücken

- Klassiker wie »Ich sehe was, was du nicht siehst« oder »Ich packe meinen Koffer« eignen sich ideal, um Wartezeiten zu überbrücken.
- Auch einfache Mittel können helfen: ein kleiner Stapel Pappdeckel in der Tasche zaubert ganz schnell Ablenkung, indem Ihr Kind ein Kartenhaus daraus bauen kann.
- Beim Einkaufen sollten Sie Ihr Kind unbedingt einbeziehen. Ihr Kind möchte helfen: Wenn es die Einkaufsliste mit abarbeiten darf, ist sogar beiden gut geholfen.
- In Bus und Bahn eignet sich eine sogenannte Zaubertafel sehr gut. Auf dieser Tafel können Sie malen und das Gemalte sofort wieder entfernen, ohne Papier und Stifte zu benötigen. Sie können gegenseitig erraten, was der andere gemalt hat.

- Oder wie wäre es mit dem A-bis-Z-Spiel? Sie einigen sich auf ein Thema, z. B. Tiere, und abwechselnd muss jeder ein Tier mit dem nächsten Buchstaben nennen. A – Affe, B – Bär, C – Chamäleon, D – ..... und so weiter.

Einkaufen

Ein anderes Spannungsfeld ist das Einkaufen. Konflikte entstehen, wenn Sie mit Ihrem willensstarken Kind den Wocheneinkauf erledigen. Überall sind tolle Dinge zu entdecken, die man natürlich haben möchte. Kennen Sie den Klassiker? Ein Kind liegt strampelnd und schreiend am Boden des Supermarktes, weil es den heißgeliebten Schokoriegel nicht bekommt? Die Mutter schimpft: »Kommst du jetzt? Sonst gehe ich alleine nach Hause!« Alle anderen Kunden schauen schon und dadurch steht die Mutter natürlich noch mehr unter Druck. Ihr ist die Situation unangenehm, und sie möchte fluchtartig das Geschäft verlassen. Hier ist Prävention gefragt, damit es gar nicht erst zu dieser Situation kommt. Verabreden Sie mit Ihrem Kind drei Regeln für das Verhalten im Supermarkt. Erklären Sie Ihrem Kind, dass Sie gemeinsam etwas unternehmen können, wenn der Einkauf reibungslos verlaufen ist. Der Weg zum Spielplatz nach dem Einkauf beispielsweise kann eine gute Belohnung sein. Binden Sie Ihr Kind beim Einkaufen ein und lassen sich helfen, damit auch keine Langeweile aufkommt. Und ganz nebenbei: Hin und wieder gönnen wir Erwachsenen uns ja auch mal was – vielleicht ist es dann also legitim, wenn sich Ihr Kind ebenfalls mal etwas aussuchen darf …

Ich persönlich halte übrigens nichts von den üblichen »Auszeiten«, die oftmals bei Konflikten oder angeblichem Fehlverhalten empfohlen werden. Schicken Sie Ihr Kind also nicht weg, ins Zimmer oder in die Ecke. Ihr Kind lernt daraus keine konstruktive Lösungsstrategie! Es lernt daraus nur, dass es einen Beziehungsabbruch zwischen sich und den Eltern gibt, wenn es sich nicht normgerecht verhält. Es lernt, dass es in Situationen auf sich allein gestellt ist, wenn es Sie eigentlich am meisten braucht. Daraus entsteht das Gefühl, nur geliebt zu werden, wenn es keine Fehler macht. Bleiben Sie im Kontakt mit Ihrem Kind, und sprechen Sie miteinander. Dann wird es für alle leichter, Konflikte schneller und einsichtiger zu lösen.

Besonderheiten im Alltag

Es gibt sicherlich eine Vielzahl von Angewohnheiten oder Besonderheiten bei Ihrem Kind, die Ihnen im Alltag immer wieder begegnen. Um Ihr Kind auf seinem Weg möglichst gut zu begleiten, es zu stärken und auch zu schützen, ist es wichtig, die Entwicklung seiner Selbstkompetenz von Anfang an zu unterstützen. Denn Sie sind die ständige Begleitperson auf seinem Weg zu einem produktiven, unabhängigen Erwachsenen. Sie bringen Ihrem Kind bei, was praktische Lebenskompetenzen sind. Diese können schon in frühester Kindheit gelehrt und gelernt werden. Durch schrittweise gesteigerte Aktivitäten und körperliche Fähigkeiten können die Anforderungen mitwachsen. Beginnen Sie also mit kleinen Dingen, bauen Sie langsam auf und beobachten Sie dabei, wie Ihr Kind aufblüht, wenn die eigene Selbstständigkeit und Unabhängigkeit zunimmt. Unterstützen Sie Ihr Kind beispielsweise beim Schuheanziehen: Sobald Ihr Kind die motorischen Fähigkeiten besitzt, möchte es sich die Schuhe selber anziehen. Natürlich dauert dies zunächst länger, als wenn Sie Ihrem Kind dir Schuhe anziehen würden, aber es ist es wert, die Zeit zu warten. Nutzen Sie erst Klettverschlüsse, später schafft Ihr Kind auch das Schleifebinden. Das Gleiche trifft auch auf das Essen zu: Es wird zunächst einiges danebengehen, aber Ihr Kind wird stolz sein, wenn es das erste Mal allein mit dem Löffel essen kann. Im nächsten Schritt wird es eine Gabel nutzen können und später ordentlich mit Messer und Gabel essen können. Ganz besonders wichtig sind all diese Tipps für Kinder mit AD(H)S, denn durch ihre besondere Wahrnehmung profitieren sie umso mehr von dieser Haltung. Diese selbstwertstärkende Erziehung wirkt im Grunde schon präventiv, damit Ihr Kind mit möglichen negativen Erfahrungen seiner Umwelt besser zurechtkommt. Mit einer starken Selbstkompetenz bringt Ihr AD(H)S-Kind also eine starke Ressource mit, die es ihm erleichtern wird, mit verschiedenen Situationen richtig umzugehen. Eine wichtige Kompetenz ist beispielsweise die, Entscheidungen treffen zu können.

Entscheidungskompetenzen fördern

Fördern Sie die Entscheidungskompetenz Ihres Kindes durch Wahlmöglichkeiten. Dabei ist es die beste Strategie, die Entscheidungsmöglichkeiten positiv zu formulieren. Vermeiden Sie, Aufforderungen wie eine Drohung klingen zu lassen. »Entweder so oder gar nicht« ist also keine gute Wahl. Ihr willensstarkes Kind wird sich darauf nicht einlassen wollen und wählt vermutlich lieber die Strafe, um auszuprobieren, ob Sie die Androhung auch konsequent durchführen.

Statt »*Entweder isst du jetzt dein Brot, oder es gibt gar nichts!*« können Sie Ihrem Kind ein Angebot machen:
»*Möchtest du zuerst dein Brot oder lieber den Joghurt essen?*«

Natürlich gibt es Momente, in denen Sie Ihrem Kind keine Entscheidungsfreiheit bieten können. Auch das können Sie aber klar erklären: *»Ich kann dir in dieser Situation keine Wahl lassen, weil es gefährlich ist. Du könntest dich verletzen.«*

Entscheidungen zu treffen ist immer auch ein Lernprozess. Achten Sie deshalb auf folgende Punkte:

- Lassen Sie Ihrem Kind Zeit, eine Entscheidung zu treffen.
- Sagen Sie Ihrem Kind, dass Sie daran glauben, dass es fähig ist, die richtige Entscheidung zu treffen.
- Erkennen Sie eine gute Entscheidung an, und loben Sie Ihr Kind dafür.
- Bieten Sie nicht zu viele Entscheidungsmöglichkeiten auf einmal an.

Welche Stärken hat Ihr Kind?

In Mathe ist mein Sohn sehr gut, er arbeitet da sehr schnell.
Susanne, Mutter von Marvin, 10, ADS

Meine Tochter ist wahnsinnig schlau, sie liest viel und gern, und sie ist sehr gut in Mathe. *Mareike, Mutter von Silke, 12, ADHS*

Wenn ich meine Tochter beschreiben soll, dann fallen mir folgende Eigenschaften ein: kreativ, selbstständig, ehrlich, durchsetzungsfähig, ausdauernd, anschmiegsam, sehr clever und schlagfertig. *Mike, Vater von Johanna, 9, ADS*

An meinem Sohn schätze ich sehr, dass er hilfsbereit, besonnen und freundlich ist. *Lisa, Mutter von Oliver, 14, ADHS*

Meine Tochter hat einen extrem ausgeprägten Gerechtigkeitssinn, und sie ist hilfsbereit. Sie kann sehr gut querdenken. *Luise, Mutter von Sabine, 13, ADHS*

Mein Sohn verzeiht schnell, wenn es mal Konflikte gibt. Meist ist er ohnehin gut aufgelegt, nicht nachtragend, hilfsbereit und verständnisvoll. *Simon, Vater von Elias, 8, ADS*

Die Beschreibung meines Sohnes fällt mir leicht: Er ist sehr schlau, hat ein hohes Gerechtigkeitsempfinden, ist sehr lieb und sehr fürsorglich. *Silke, Mutter von Bente, 14, ADHS*

Den ständigen Blick durch die Defizitbrille ablegen

Jeder, der in einer ähnlichen Situation ist, kann verstehen, wenn Sie manchmal verzweifeln oder wütend werden. Familienangehörige, Freunde, Lehrer*innen – alle reden auf Sie ein, belehren Sie oder stellen unangenehme Fragen. Da passiert es, dass der Blick auf das eigene Kind nur noch durch die Defizitbrille erfolgt. Denn unsere Psyche funktioniert genau so: Negative Eindrücke fallen stärker ins Gewicht als positive, was dazu führt, dass wir den negativen Begebenheiten oft mehr Aufmerksamkeit schenken als den positiven. Negative Informationen schlagen größere Wellen in der menschlichen Psyche, was sogar physiologisch nachweisbar ist. Wir landen dann häufig in einem Teufelskreis und kommen dort nur wieder heraus, indem wir uns die positiven Dinge im Leben wieder bewusster machen. Während die negativen Emotionen beispielsweise bei Stress quasi von allein entstehen, müssen wir uns die positiven Emotionen manchmal bewusst wieder erarbeiten.

Führen Sie ein Tagebuch, und schreiben Sie jeden Tag eine Kleinigkeit hinein, die Sie besonders positiv mit Ihrem Kind erlebt haben. Das können gemeinsame kurze Momente sein, Beobachtungen, Erlebnisse, Fortschritte, gute Noten oder positive Rückmeldungen aus der Schule, dem Bekanntenkreis u. v. m.

Eine weitere Möglichkeit, den Teufelskreis zu durchbrechen, ist der Blick auf die Situation aus der sogenannten Metaperspektive. Dies bedeutet, dass Sie sich von Ihrer persönlichen Gedanken- und

Emotionswelt distanzieren und eine bevorstehende oder bereits vergangene Situation aus einer anderen Perspektive betrachten. Sie analysieren und hinterfragen das Geschehen mit einer möglichst neutralen Haltung. Stellen Sie sich vor, Sie blicken aus der Vogelperspektive auf die Geschehnisse, als seien Sie eine unbeteiligte Person. Vergessen Sie aber auch sich selbst nicht, und sehen Sie sich aus den Augen einer neutralen Person, als würde die Situation wie eine Szene aus einem Theaterstück vorgeführt, bei dem Sie selbst mitspielen. Durch einen gesunden Abstand erhalten Sie die Möglichkeit zur Reflexion der Situation und auch zur Selbstreflexion.

ÜBUNG

Der Blick aus der Metaperspektive

Nehmen Sie sich einen ruhigen Moment, in dem Sie nicht gestört werden können. Denken Sie an eine Situation mit Ihrem AD(H)S-betroffenen Kind, die Sie gern aus der Metaperspektive beleuchten möchten. Versuchen Sie dabei, möglichst detailliert an diese Situation zu denken. Wer steht wo im Raum, sind alle gleich verteilt, gibt es Fronten?

1. Nehmen Sie als Erstes Ihre eigenen Reaktionen in den Blick. Schauen Sie aus der Vogelperspektive auf Ihre Reaktionen, Aussagen und körperliche Haltung/Mimik. Spüren Sie genau nach, wie Sie sich gefühlt haben.
2. Im nächsten Schritt blicken Sie auf mögliche weitere Personen, die am Konflikt beteiligt waren. Auch hier versuchen Sie, genau nachzuspüren, wie sich diese Personen gefühlt und geäußert haben, achten Sie auch auf ihre Körperhaltung und Mimik.

3. Nun blicken Sie auf Ihr Kind. Auch hier stehen wieder Äußerungen, körperliche Haltung/Mimik im Mittelpunkt. Wie mag sich Ihr Kind gefühlt haben?
4. Abschließend reflektieren Sie noch einmal sich selbst in dieser konfliktreichen Situation. Was müsste passieren, damit Sie sich in ihr wohler fühlen, oder wodurch wäre die Situation besser ausgegangen? Was könnten Sie anders machen, damit der Konflikt eine gute Wendung nimmt?

Hilfreich bei dieser Übung können Aufzeichnungen der einzelnen beteiligten Personen auf Papier sein. Mit dieser Methode können Sie eine Situation aus allen Perspektiven betrachten, was die eigene Empathiefähigkeit steigert und auch dazu beiträgt, Ihr Kind und auch sich besser zu verstehen. Dafür führen Sie und alle anderen beteiligten Personen die vier genannten Schritte durch und schreiben jeweils Ihre Gedanken dazu auf.

Die Stärken der Kinder erkennen und fördern

Wir sollten also lernen umzudenken – weg vom ewigen Blick durch die Defizitbrille und dem Problem hin zu den Ressourcen und Potenzialen unserer Kinder. Schauen wir uns erst einmal den Begriff Ressource an: Wenn Sie Ihr Kind beschreiben sollen, fallen Ihnen sicherlich auch viele tolle Eigenschaften ein – das können Dinge sein, die Ihr Kind besonders gut kann, oder tolle Charaktereigenschaften, die ganz typisch und liebenswert sind. Kurz gesagt, sind Ressourcen also alle individuellen Handlungsmöglichkeiten, die ein Mensch positiv für sich nutzen kann.

Nehmen wir noch einmal das Beispiel, dass Ihr Kind unbedingt etwas durchsetzen will, bis Sie nachgeben. Dieses Verhalten kann man als Quälen, Quengeln, Nicht-abwarten-Können oder nervend bezeichnen. Man kann es jedoch auch als Durchsetzungskraft anerkennen, die durchaus eine positive Ressource Ihres Kindes darstellt und die Ihrem Kind im Leben sicherlich noch oft hilfreich sein könnte.

Wenn Sie ein Kind mit ausgeprägtem Bewegungsdrang haben, kann ich mir gut vorstellen, dass Sie häufig hören, dass es zappelig und unruhig ist. Auch hören Sie sicher »nie kann er stillsitzen« oder »sie ist ja dauernd in Bewegung«. Diese Beschreibungen haben oft eine negative Note. Ich würde Ihr Kind eher als aktiv und voller Power bezeichnen. Es hat unglaublich viel Energie, die auch positiv genutzt und umgesetzt werden kann.

Das, was wir da eben in den zwei Beispielen gemacht haben, ist das sogenannte Reframing, auf Deutsch: Umdeuten. Die Technik des Reframings stammt aus der systemischen Familientherapie und ist auf Virginia Satir zurückzuführen. Aber auch Milton H. Erickson nutzte diese Technik in seiner Hypnotherapie. Wie das Wort schon sagt, geht es bei dieser Technik darum, negativ behaftete Eigenschaften und Wörter in positiv besetzte Eigenschaften und Wörter umzudeuten. Ganz wichtig ist natürlich, nicht den realistischen Bezug zu verlieren, sondern eine eigene optimistische Haltung einzunehmen und die Dinge auch mal aus einer anderen Richtung zu beleuchten. Machen Sie dazu folgende Übung:

ÜBUNG

Bedeutungs-Reframing

Nehmen Sie sich einen Moment Zeit und notieren Sie ein paar Alltagssituationen, in denen Sie wütend geworden sind. Neh-

men Sie sich dann konkret Ihre Aussagen vor, die Sie Ihrem Kind gegenüber geäußert haben, beispielsweise:
Du kannst nicht …
Nie gibt es …
Immer musst du …
Kannst du nicht einmal …
Warum musst du immer … und so weiter.

Im Grunde haben alle Verhaltensweisen oder Erfahrungen auch eine positive Bedeutung, die wir oft nur schwer erkennen können. Versuchen Sie nun aber, die Situationen mit folgenden Fragen zu beantworten:
Was könnte dahinterstecken?
Was könnte das Verhalten meinem Kind nützen?
Was könnte es mir nützen?
Was ist der positive Wert dieser Situation?
Sie erhalten dadurch einen erweiterten, positiveren Blick auf die Situationen und lernen, nicht nur negative Gedanken und Gefühle zu entwickeln, sondern auch positive Seiten an sich und Ihrem Kind zu sehen.

Das Reframing können Sie auch in Ihrer Alltagssprache nutzen. Unsere Äußerungen und Gedanken sind oftmals schon so negativ behaftet, dass wir gar nicht anders können, als schlechte Gefühle zu entwickeln.

Versuchen Sie die folgende Übung so häufig wie möglich in Ihren Alltag zu integrieren – Sie werden sehen, dass sich dies nicht nur auf Situationen mit Ihrem Kind positiv auswirken wird.

ÜBUNG

Kontext-Reframing

Das Kontext-Reframing können Sie immer und überall anwenden, solange Sie realistische Umdeutungen machen. Sie ersetzen beim beklagten Verhalten die negative Formulierung durch positiv besetzte Inhalte:

Er lässt sich immer schnell ablenken ...
wird zu
Er ist vielseitig interessiert.
Er kann sich schnell begeistern.
Er ist immer offen für neue Erfahrungen.

Sie ist gar nicht bei der Sache und ständig verträumt ...
wird zu
Sie kann sich gut entspannen.
Sie hat sehr viel Fantasie.
Sie kann ihre Kräfte gut dosieren.

Er ist immer total bockig ...
wird zu
Er weiß, was er will.
Er hat Durchsetzungsvermögen.
Er ist ein starker Kopf.

Überlegen Sie dabei stets, in welchen Situationen diese Eigenschaften Ihrem Kind hilfreich und nützlich sein werden:

- vielseitig interessiert – vielfältige Berufsmöglichkeiten;
- entspannt – geringe Gefahr für Burn-out;
- Durchsetzungsvermögen – Ziele werden erreicht …

Ihr Kind hat jede Menge Ressourcen, die man auf diese Weise entdecken kann. Schauen wir uns nun einmal die Potenziale an, die Ihr Kind damit im Alltag ausschöpfen kann.

Multitasking: Durch die Reizoffenheit haben AD(H)S-Kinder die Möglichkeit, viele Informationen gleichzeitig wahrzunehmen. So entgeht Ihrem Kind nichts, und es besitzt damit auch die Fähigkeit, Dinge gleichzeitig zu tun oder aufzunehmen.

Neugierde: Kinder mit AD(H)S sind unheimlich wissbegierig. Sie stellen viele Fragen und erwarten natürlich auch eine befriedigende Antwort. Damit sind sie aber auch immer offen für neue Ideen und begeisterungsfähig.

Hilfsbereitschaft: Wenn jemand Hilfe braucht, so ist ein AD(H)S-Kind gleich zur Stelle. Das gilt insbesondere für Schwächere oder Jüngere.

Gerechtigkeitssinn: Kinder mit AD(H)S sind die besten Schiedsrichter. Sie haben einen großen Gerechtigkeitssinn und lassen Ungerechtigkeiten nicht durchgehen.

Empathie: Durch eine starke Sensibilität sind Kinder mit AD(H)S sehr empathisch und spüren sofort, wenn es jemandem schlecht geht.

Kreativität: Mal andere Wege gehen und kreative Lösungswege finden – das ist typisch für ein Kind mit AD(H)S. Sie »blicken über den Tellerrand« und finden häufig interessante Strategien, um Probleme zu lösen.

Sprunghaftigkeit: Die Gedanken von AD(H)S-Kindern springen manchmal schnell hin und her. Das macht sie aber auch zu Menschen, die in schneller Geschwindigkeit umdenken und sich damit zügig auf neue Situationen einstimmen können.

Hartnäckigkeit: Ausdauer ist für Kinder mit AD(H)S kein Fremdwort. Auch wenn für sie selbst eher uninteressante Themen schnell vergessen werden, können sie sich an für sie interessanten Themen stundenlang festbeißen.

Direktheit: Kinder mit AD(H)S können manchmal im Sozialkontakt anecken. Gleichzeitig sind sie aber nicht nachtragend und gehen offen auf ihre Mitmenschen zu.

Tierliebe: Natur und Tiere spielen im Leben vieler AD(H)S-Kinder eine große Rolle. Sie lieben es, sich an der frischen Luft und in der Natur aufzuhalten, und haben großes Interesse an der Tierwelt.

Sie sehen: Es gibt so viele tolle Eigenschaften, die Ihr Kind hat, und es gilt, diese zu fördern und zu nutzen. So wird Ihr Kind nicht auf das reduziert, was es vielleicht nicht kann, sondern andere – und vor allem es selbst – sehen auch das, was es kann!

Im nächsten Kapitel schauen wir uns an, wie wir die vielen positiven Facetten Ihres Kindes am besten stärken, und wieso wir hierfür ganzheitlich denken müssen.

Warum wir bei AD(H)S ganzheitlich denken müssen

Ganzheitlichkeit bedeutet die Betrachtung einer Sache in der systemischen Vollständigkeit aller Teile sowie in der Gesamtheit ihrer Eigenschaften und Beziehungen untereinander. Das klingt erst einmal ziemlich theoretisch. Was genau heißt das nun für uns? Und warum ist dieser Ansatz geeignet, Kindern mit einem AD(H)S zur Seite zu stehen? Wir wollen uns den Begriff Ganzheitlichkeit zunächst in den unterschiedlichen Bereichen, in denen er häufig benutzt wird, anschauen, um ihn in allen seinen Facetten zu begreifen.

Ganzheitlichkeit in der Psychologie

Ganzheitliche Psychologie bedeutet, dass ein Mensch aus mehr als nur der Summe seiner Teile besteht. Die ganzheitliche Psychologie beobachtet dabei besonders, wie die verschiedenen Teile eines Individuums zusammenwirken, ohne sie dabei in bestimmte Prozesse zu unterteilen. Sie können sich das Ganze wie ein Puzzle vorstellen. Die ganzheitliche Psychologie beschäftigt sich also damit, wie verschiedene Faktoren interagieren und das Verhalten und den emotionalen Zustand eines Individuums beeinflussen.

> In der Psychologie ist ein ganzheitlicher Ansatz eine der effektivsten Behandlungsmöglichkeiten, da dabei viele unterschiedliche Aspekte, wie Denken, Fühlen und Handeln, einfließen. Es besteht damit eine größere Wahrscheinlichkeit, die wirklichen Ursachen des Problems zu identifizieren.

Ganzheitlichkeit in der Pädagogik

Ganzheitlichkeit steht eng in Verbindung mit der Reformpädagogik und betont neben den traditionell kognitiven Aspekten wie zum Beispiel Wahrnehmung und Denkprozesse auch körperliche und emotionale Aspekte. Ganzheitliches Lernen ist damit ein Lernen mit allen Sinnen – nämlich mit Verstand, Gemüt und Körper (Geist – Herz – und Hand), und das bedeutet, dass das Kind über alle Sinneskanäle lernt. Bei kleinen Kindern ist das überwiegend die körperliche, sinnliche Ebene. Aber auch Schulkinder sollten ganzheitlich lernen, um Lerninhalte mit angenehmen Körperempfindungen zu verknüpfen und dadurch besser im Gehirn zu verankern.

Ganzheitliche Bildung bedeutet also, dass wir von einem umfassenden Entwicklungsprozess des Menschen ausgehen, bei dem er sowohl seine geistigen, kulturellen und lebenspraktischen Fähigkeiten als auch seine personalen und sozialen Kompetenzen erweitert. Was bedeutet das für ein Kind mit AD(H)S? Durch die Reizoffenheit AD(H)S-betroffener Menschen fällt es ihnen schwer, wenn Informationen stets über einen Kanal verarbeitet werden müssen. Ein ganzheitlicher Ansatz steht für die Verarbeitung über verschiedene Kanäle, was dazu führt, dass Kinder mit AD(H)S die Informationen besser verarbeiten können. Hinzu kommt, dass durch die Bewegungsmöglichkeiten hyperaktive Kinder ihre Bewegungsfreude ausleben können, anstatt dem Unterricht nur auditiv-visuell zu folgen.

Ganzheitlichkeit in der Medizin

Auch in der Medizin spricht man von Ganzheitlichkeit. Die Weltgesundheitsorganisation (WHO) definiert Gesundheit als einen »Zustand des vollständigen körperlichen, geistigen und sozialen Wohlergehens«. Demnach reicht es nicht, einen Teilbereich des Menschen zu untersuchen, sondern man muss den ganzen Menschen in den Blick nehmen. Diese Vorgehensweise findet man in der sogenannten multiaxialen Diagnostik. Multiaxial bedeutet dabei nichts anderes als eine Untersuchung auf verschiedenen Achsen – sechs Achsen, um genau zu sein. Da, wie ich vorher beschrieben habe, die AD(H)S-Diagnostik eine dimensionale und keine kategoriale ist – also nicht zwischen ja oder nein entscheidet, sondern eher Grauzonen auslotet –, ist eine ganzheitliche Untersuchung bei AD(H)S besonders wichtig.

Eine ganzheitliche Untersuchung ist essenziell wichtig, um auszuschließen, dass andere Ursachen die Symptomatik auslösen, und um Fehldiagnosen zu vermeiden. Gleichzeitig liefert die ganzheitliche Ursachenforschung auch Informationen zu den Behandlungsmöglichkeiten. Es gibt damit die Chance, auf ganzheitliche Behandlungskonzepte zurückzugreifen, die oft aus Methoden der Verhaltenstherapie und der Naturheilkunde bestehen.

> Die multimodale Behandlung hat sich bei AD(H)S am wirkungsvollsten erwiesen. Das bedeutet, dass nicht eine isolierte Therapie durchgeführt wird, sondern dass eine Mischung aus verschiedenen Therapiemaßnahmen den meisten Erfolg verspricht, beispielsweise die Kombination eines Verhaltenstrainings mit einer begleitenden homöopathischen Behandlung.

Ganzheitlichkeit bedeutet also so viel wie facettenreich – und genau das ist AD(H)S auch! Das macht AD(H)S nicht immer leicht greifbar, aber durch einen ganzheitlichen Ansatz schaffen wir es, AD(H)S in seiner ganzen Vielfalt zu betrachten. Dabei geht es nicht nur um die vielfältigen Begabungen, die ein Kind mit AD(H)S hat, sondern auch um die zahlreichen Möglichkeiten, das Kind zu fördern. Kinder mit AD(H)S profitieren zum Beispiel davon, dass alle ihre Sinneskanäle angesprochen werden. Dadurch wird nicht nur die einseitige Nutzung eines Sinneskanals vermieden, sondern diese Herangehensweise trägt auch dazu bei, dass die Therapie für das Kind abwechslungsreich ist und damit nicht langweilig wird, denn Langeweile ist für AD(H)Sler*innen ja eher kontraproduktiv.

Darüber hinaus bedeutet der ganzheitliche Ansatz auch den Einbezug des Umfeldes. Das beinhaltet eine umfangreiche Aufklärung über AD(H)S bei Lehrkräften, Mitschüler*innen/Freund*innen und Familien sowie die Fördermöglichkeiten in den verschiedenen Bereichen Schule und Familie. Und auch das ist für von AD(H)S betroffene Kinder ganz besonders wichtig, denn zum einen können sie durch ihre besondere Wahrnehmung in der Gesellschaft auffallen, und zum anderen sind sie durch ihr besonderes Potenzial eine große Bereicherung!

In den folgenden Kapiteln teile ich daher viele ganzheitliche Übungen mit Ihnen, mit denen Sie ihr Kind und seine Ressourcen aktiv unterstützen können.

Welche Ressourcen hat Ihr Kind?

Als Ressource hat meine Tochter ihre Klugheit und ein breites Wissen in vielen Bereichen. *Tim, Vater von Sophia, 11, ADHS*

Mein Sohn verfügt über eine ausgefallene Kreativität. Außerdem ist er feinfühlig, emotional und ehrlich. *Sylvia, Mutter von Timo, 10, ADS*

Mein Sohn hat mich als Mutter, die ihm den Rücken stärkt, immer an seiner Seite. Und sein Hobby, das BMX-Fahren, ist sein idealer Ausgleich. *Marion, Mutter von Jannes, 12, ADHS*

Wir sind seine größte Ressource, denn wir sind immer für ihn da. *Karmen und Anton, Eltern von Kai, 14, ADHS*

Wie Sie Ihr Kind zu Hause unterstützen

»Bei uns ist eigentlich immer nur Chaos.« Mit diesen Worten eröffnete eine besorgte Mutter unser erstes Elterngespräch. Ich ließ mir in aller Ruhe erst einmal beschreiben, was denn alles so chaotisch sei. Also erzählte sie mir von ihrem Alltag.

Ihr Sohn, elf Jahre alt, ist hyperaktiv, und sie hat noch einen siebenjährigen Sohn, der eher still und zurückhaltend ist. Ihr Großer nimmt sehr viel Raum ein und braucht sehr viel Aufmerksamkeit von den Eltern. Das führt dazu, dass sie täglich einen Spagat zwischen den unterschiedlichen Bedürfnissen ihrer Kinder machen muss. Schon beim Aufstehen gibt es Geschrei und beim Anziehen jede Menge Widerstände. Ihr großer Sohn kommt dadurch häufig zu spät zur Schule. Wenn der Schulvormittag geschafft ist, gibt es beim Mittagessen kein ruhiges Gespräch, sondern nur Gezanke unter den Geschwistern, wobei der Kleine meistens den Kürzeren zieht. So geht es dann über den Nachmittag bis spät in den Abend hinein weiter. Bei den Hausaufgaben eskaliert es regelmäßig, denn ihr großer Sohn versucht stets, von seinen Aufgaben abzulenken. Ständig fällt etwas herunter oder stürzt um. Häufig kommt es auch vor, dass sich eines der Kinder verletzt. Die Mutter berichtet, dass sie abends dann immer nur noch erschöpft ins Bett fällt.

Sicher kennen Sie solche Tage auch, und Sie haben erfahren, wie schwer es sein kann, hier noch das Positive zu sehen. Und sicher haben Sie sich auch schon gefragt, ob es eine Möglichkeit gibt, den Alltag besser zu meistern. Ich würde sagen, ja, die gibt es! Denn mit einigen guten Umstrukturierungen Ihres Alltags können Sie Ihren Tagesablauf zum Positiven verändern.

Ein guter Start in den Tag

Um den Alltag gut zu meistern, hilft es Ihnen, den Tagesablauf optimal zu strukturieren und zu planen. Am besten machen Sie sich dafür einen Tagesplan für jeden Tag der Woche. Reflektieren Sie dann, welche Momente des Tages gut funktionieren und welche nicht so gut klappen. Im nächsten Schritt nehmen Sie sich einen Punkt heraus, den Sie verbessern möchten. Wie können Sie diesen Tagespunkt anders gestalten, damit dieser reibungsloser klappt? Schauen wir uns dafür ein paar Beispiele an:

Das Aufstehen am Morgen

Der Tag startet gleich im Chaos, weil Ihr Kind nicht aufstehen möchte. Jeden Morgen das gleiche Spiel: Sie wecken Ihr Kind, und es kommt nicht aus den Federn; es wehrt sich mit Händen und Füßen gegen alle Ermahnungen. Ihre Geduld ist am Ende, und Sie zerren Ihr Kind aus dem Bett, weil Ihr Blick auf die Uhr zeigt, dass es höchste Zeit wird. Da Kinder mit AD(H)S abends nicht gut zur Ruhe kommen, finden sie morgens oft nicht gut aus dem Schlaf.

Das könnte helfen: Führen Sie ein liebevolles Weckritual ein, und wecken Sie in kurzen Abständen mehrmals (zwei bis drei Mal). Dabei können Sie das Licht zunächst gedämpft lassen und mit jedem Wecken mehr Licht einschalten. Starten Sie den Tag positiv mit Ihrem Kind, indem Sie Rituale einführen, die Ihr Kind zum Aufstehen animieren. Nutzen Sie das, was Ihr Kind gern mag, zum Beispiel Musik, ein Hörspiel, ein warmes Getränk, ein Finger-/Bewegungsspiel oder eine Rückenmassage. Regen Sie alle Sinne des Kindes an, und planen Sie dafür ein bisschen Zeit ein. Gleichzeitig beziehen Sie Ihr Kind in die Planung ein. Eine sichtbare Uhr zeigt Ihnen und Ihrem Kind, wie viel Zeit für das Ritual übrig bleibt, und Sie können auf einem ebenfalls sichtbaren Plan zeigen, was weiterhin auf der Tagesordnung steht.

Bleiben Sie selbst ruhig und versuchen Sie, nicht in Zeitdruck zu geraten. Ihre einfühlsame und sichere Lenkung der Tagesstruktur wird sich auf Ihr Kind übertragen, sodass Sie entspannt in den Tag starten können. Beim erfolgreichen und stimmungsvollen Start in den Tag sollten Sie Ihr Kind unbedingt loben. Ehrlich gesagt läuft es in vielen Familien oft so chaotisch ab, dass diese »einfachen« Dinge nicht mehr bedacht werden. Doch probieren Sie es aus! Wenn alles gut geht, klappt das Aufstehen irgendwann wie von selbst.

Auf dem Weg zur Schule

Um sich für die Schule fertig zu machen, braucht Ihr Kind definitiv Unterstützung, sonst ist es den Anforderungen hilflos ausgeliefert. Dann kann es passieren, dass die Schulsachen vergessen werden, die Kleidung nicht richtig angezogen wird und die Zeit völlig aus den Augen gerät.

Das könnte helfen: Nachdem das Aufstehen geklappt hat, muss auch die restliche Zeit gut getaktet sein. Dabei dürfen keinesfalls Zeit für die Toilette und das Anziehen sowie das Frühstücken fehlen. Hier gibt es feste Zeiten, die Sie gemeinsam festlegen können. Es hilft Ihnen und Ihrem Kind sehr, wenn Sie bereits am Abend zuvor gemeinsam die Schultasche gepackt und die Kleidung herausgelegt haben. Damit beugen Sie dem Vergessen wichtiger Bücher oder Sportsachen vor und entlasten Ihr Kind in der Kleiderauswahl.

Ausflüge planen

Auch Ausflüge mit jüngeren AD(H)Sler*innen sollten stets gut geplant werden. Mit der richtigen Sorgfalt werden solche Ausflüge dann ein voller Erfolg. Auch hier sind schrittweise Annäherungen von Vorteil:

- Machen Sie zunächst erst mal eine kurze Tour. Ein »zu kurz« gibt es dabei nicht. Stellen Sie sich auf die individuellen Bedürfnisse Ihres Kindes ein.
- Wenn Sie einkaufen gehen, versuchen Sie, vorher festzulegen, wie viele Geschäfte Sie aufsuchen möchten.
- Halten Sie Ihr Wort. Wenn Vereinbarungen über die Auswahl der Geschäfte getroffen wurden, dann sollten Sie diese auch einhalten.
- Loben Sie Ihr Kind für gelungene Ausflüge.
- Orientieren Sie sich an den Möglichkeiten und Bedürfnissen Ihres Kindes. Das kann bedeuten, dass Sie einmal wöchentlich gemeinsam etwas unternehmen, aber nicht an zwei aufeinanderfolgenden Tagen einen Ausflug machen sollten. Auch können sich die Aktivitäten auf einen Teil des Tages beschränken, beispielsweise nur morgens. Respektieren Sie die Grenzen Ihres Kindes, und fördern Sie gleichzeitig seine Fähigkeiten.

Die Mahlzeiten

Auch das gemeinsame Essen kann mit einem AD(H)S-Kind durchaus lebhaft sein. Da fällt das Besteck zu Boden, Gläser stürzen um, oder andere Dinge sind einfach interessanter als das Essen. Ich habe auch schon gehört, dass der Sohn dann zum Alleinunterhalter wird und die gesamte Familie mit seinen Erlebnissen, Gedanken und Ideen versorgt. »Er plappert ohne Punkt und Komma, da kommt man gar nicht dazwischen« ist ein Satz, der in diesem Zusammenhang häufig fällt.

Sowohl das Nicht-stillsitzen- als auch das Nicht-abwarten-Können führen also dazu, dass die Familienmitglieder die Mahlzeit nicht in Ruhe zu sich nehmen können. Vielleicht gehört Ihr Kind auch zu denjenigen, die nur hastig und nachlässig essen und trinken können. Manchmal sind Kinder auch »schwierige Esser«, und es sind nur ausgewählte Lebensmittel erwünscht, während alles andere konsequent abgelehnt wird.

Das könnte helfen: Stellen Sie Regeln zum Thema Essen auf. Es gibt feste Zeiten für die Mahlzeiten, zu denen – und nur zu denen – gegessen wird. Ausnahmen darf es geben, wenn diese abgesprochen werden. Vermeiden Sie es, egal zu welcher Mahlzeit, den Fernseher laufen zu lassen. Darüber hinaus ist es gut, auf Pannen vorbereitet zu sein: Nutzen Sie lieber breite Gläser anstatt dünne, hohe, unterstützen Sie Ihr Kind beim Befüllen des Tellers, ermutigen Sie Ihr Kind, nach Dingen auf dem Tisch zu fragen, anstatt herüberzugreifen, und vermitteln Sie Ihrem Kind Essensregeln und Tischsitten, auf die Sie persönlich Wert legen.

Zur ganzheitlichen Erziehung gehört auch die richtige Ernährung. Sorgen Sie dafür, dass Ihr Kind eine ausgewogene Ernährung mit viel Obst und Gemüse erhält. Mahlzeiten mit ungesättigten Fettsäuren (Omega-3-Fettsäuren), wie beispielsweise bei Fischgerichten, haben einen positiven Effekt bei einem AD(H)S. Vermeiden Sie dagegen Fertigprodukte, Geschmacksverstärker, Konservierungsstoffe und blaue Farbstoffe, die auf AD(H)S betroffene Menschen eher symptomverstärkende Auswirkungen haben, da sie sehr sensibel auf solche künstlichen Zusammensetzungen reagieren.

Zucker ist bekannt dafür, dass er für Kinder mit AD(H)S noch weiter aufputschende Effekte haben soll. Bedenken Sie aber dabei, dass dies nicht nur bei Menschen mit AD(H)S der Fall ist. Gänzlich darauf verzichten sollte Ihr Kind also nicht. Das ist nicht nur nicht alltagstauglich, sondern macht Süßigkeiten damit besonders interessant. Erklären Sie Ihrem Kind, dass Süßigkeiten ein Genussmittel sein sollten und nur in gesunden Maßen zur Verfügung stehen. Der Griff zu Obst darf dafür jederzeit möglich sein.

Lassen Sie darüber hinaus beim Kinderarzt abklären, ob bei Ihrem Kind ein grundsätzlicher Nährstoffmangel besteht.

Kann es sein, dass Ihr Kind vielleicht auch ein Feinschmecker ist? Die grüne Paprika darf nur gekocht serviert werden, aber keineswegs roh? Oder vielleicht lehnt Ihr Kind sämtliche unbekannte Lebensmittel ab? So darf immer nur eine kleine Auswahl an Gerichten gekocht werden. Auch da können Sie sich den Alltag ein wenig erleichtern.

Wie Mahlzeiten entspannter werden

- Entwickeln Sie einen schriftlichen Mahlzeitenplan, inklusive Zwischenmahlzeiten. So kann sich Ihr Kind auf die Mahlzeiten einstellen. An vereinbarten Tagen sollte Ihr Kind Gerichte vorschlagen dürfen.

- Bieten Sie zu jeder Mahlzeit einen Snack an, den Ihr Kind besonders mag.
- Die Familie sollte möglichst gemeinsam essen.
- Zwingen Sie Ihr Kind nicht zum Essen.
- Binden Sie Ihr Kind in die Zubereitung der Mahlzeit ein.
- Informieren Sie Ihr Kind über (neue) Lebensmittel.
- Wenn die Bewegungsfreude Ihres Kindes dazu beiträgt, dass die feinmotorische Kontrolle noch nicht immer klappt, dann helfen kleine Tricks, um das ein oder andere Malheur zu vermeiden. Beispielsweise legen Sie einen nassen Waschlappen unter den Teller, damit dieser nicht wegrutscht, oder nutzen Sie grundsätzlich Untersetzer aus Schaumstoff. Auch gibt es Bestecke mit rutschfesten Griffen, die verhindern, dass Messer, Gabel oder Löffel häufig aus der Hand fallen.

Wenn Ihr Kind ein wählerischer Esser ist, dann nähern Sie sich unbekannten Gerichten durch den Einsatz eines Lieblingsgewürzes, eines Geschmacks oder einer Farbe an: Sie können zum Beispiel ein Zitronenmenü kochen: Fleisch mit Zitronenmarinade, Zitronenkuchen, Limonade, Zitroneneis etc. Es gibt vermutlich immer mehrere Varianten, die man mit einem ähnlichen Geschmack versehen kann.

Wenn Sie ein Restaurant aufsuchen möchten, dann reservieren Sie stets einen Tisch, um lange Wartezeiten zu vermeiden. Es gibt darüber hinaus auch die Möglichkeit, bei der Reservierung zu erfragen, ob Sie ein Gericht für Ihr Kind mitbringen dürfen, sofern sich Ihr Kind beim Essen im Restaurant schwertut. Viele Restaurants bieten auch an, spezielle Gerichte nach Wunsch zuzubereiten. Die Simulation eines Restaurantbesuches zu Hause hilft Ihrem

Kind dabei, sich auf ein reales Restauranterlebnis einzulassen. Und noch ein kleiner Tipp: Buffets sind für Kinder mit AD(H)S besonders geeignet, da sie das Essen ohne Wartezeiten bekommen und zwischenzeitlich Bewegung haben. So vermeiden Sie das lange Sitzen und die Gefahr, dass etwas auf dem Teller landet, was Ihr Kind nicht mag.

Ein guter Schlaf

Nicht nur von AD(H)S betroffene Kinder finden abends oft nicht gut in den Schlaf. Viel zu aufregend sind die vielen Eindrücke, die sie über den Tag verteilt gewonnen haben und nun erst noch verarbeiten müssen. Bei hyperaktiven Kindern kommen die unbändige Power und der nicht zu stillende Bewegungsdrang hinzu. Da kann es schon mal vorkommen, dass sich das Zubettgehen über Stunden bis in die Nacht hinein streckt.

Das könnte helfen: Versuchen Sie, Ihr Kind langsam auf die Nacht vorzubereiten. Planen Sie die Zeit ein, die Ihr Kind braucht, um »herunterzufahren«. Dabei können positive, entspannende Rituale hilfreich sein. Lesen Sie Ihrem Kind ein Buch vor, spielen Sie ein ruhiges Spiel, sprechen Sie über Tagesereignisse. Auch hier sind wieder alle Sinne gefragt: ein warmes Bad mit Lavendelduft, eine warme Milch, leise Musik, eine Massage mit dem Igelball oder ein Entspannungslicht – fragen Sie Ihr Kind, womit es sich besonders gut entspannen kann, und nutzen Sie dies als Einschlafritual.

ÜBUNG

Progressive Muskelentspannung

Gerade bewegungsfreudige Kinder kommen mit der folgenden Übung aus der sogenannten progressiven (sich entwickelnden) Muskelentspannung gut zurecht.
Ihr Kind liegt entspannt in seinem Bett, nicht zwingend, aber idealerweise auf dem Rücken. Fordern Sie es nun auf, die Hände zu Fäusten zu ballen und die Arme in die Matratze zu drücken. Dabei spannt es beide Arme fest an. Kurz halten, und dann, auf Ihr Zeichen, darf Ihr Kind die Anspannung lösen. Wiederholen Sie dies noch zwei Mal. Nun kann Ihr Kind mal in die Arme spüren. Fühlen sich diese anders an als zuvor?
Lassen Sie es dann eine Grimasse ziehen. Dabei sollte die Stirn gerunzelt, die Nase gerümpft und die Lippen aufeinandergepresst werden, ohne dabei auf die Zähne zu beißen. Kurz halten, und dann, auf Ihr Zeichen, darf Ihr Kind die Anspannung lösen. Wiederholen Sie dies noch zwei Mal. Nun darf Ihr Kind mal in das Gesicht spüren. Fühlt es sich anders an als zuvor?
Dann wandern Sie weiter zum Rücken. Lassen Sie Ihr Kind den Rücken durchbiegen und ein Hohlkreuz machen, bis sich die Schulterblätter berühren. Auch hier wieder kurz halten, und dann, auf Ihr Zeichen, darf Ihr Kind die Anspannung lösen. Wiederholen Sie dies noch zwei Mal. Nun darf Ihr Kind mal seinen Rücken spüren. Fühlt er sich anders an als zuvor?
Dann kommen Sie zu den Beinen. Ihr Kind darf nun die Beine anheben und gleichzeitig die Fußspitzen zu sich heranziehen. Vermutlich wird es dabei auch gleichzeitig den Bauch anspannen. Auch hier wieder kurz halten, und dann, auf Ihr Zeichen, darf Ihr Kind die Anspannung lösen. Wiederholen Sie dies

noch zwei Mal. Nun darf Ihr Kind seine Beine spüren. Fühlen sie sich anders an als zuvor?
Zum Schluss darf Ihr Kind den ganzen Körper anspannen. Auch dies wird auf Ihr Zeichen aufgelöst und noch zweimal wiederholt.
Sie merken, dass hier viel mit Wiederholungen gearbeitet wird. Das ist auch gewünscht, denn durch diese routinierte Abfolge schafft es Ihr Kind, sich voll und ganz auf die körperlichen Empfindungen einzulassen und die Entspannung in seinem Körper zu spüren. Einigen Kindern hilft es auch, wenn kleine mit Sand befüllte Säckchen auf die entsprechenden Körperteile gelegt werden. Die Schwere der Sandsäckchen hilft bei der Entspannung.

ÜBUNG

Tiefes Atmen

Wenn wir angespannt sind, atmen wir in der Regel flacher. Tiefe Bauchatmung hilft dem Körper, in die Entspannung zu kommen. Sie können Ihr Kind auffordern, tief in den Bauch zu atmen und dabei den Bauch erst dick und dann wieder flach werden zu lassen. Vielen Kindern hilft es, wenn das Lieblingsstofftier dabei auf dem Bauch sitzt und bei jedem Atemzug auf- und wieder absteigt. Die Menge der Wiederholungen kann variieren.

Empfehlenswert für einen besseren Schlaf sind sogenannte Gewichtsdecken, auch Therapiedecken oder sensorische Decken genannt. Dabei handelt es sich um Bettdecken, die je nach Körpergewicht mit einem speziellen Füllstoff versehen werden und deshalb eine gewisse Schwere auf die schlafende Person ausüben. Der feste, sensorische Druck (Tiefendruck), wie er auch bei einer Umarmung oder einer Massage wirken kann, kann angstlösende, entspannende und beruhigende Effekte haben.

Hausaufgabenkonflikte

Silvana ist zehn Jahre alt und geht in die vierte Klasse einer Grundschule. Ihr ist klar, dass ihre Zeugnisnoten darüber entscheiden, welche weiterführende Schule sie besuchen darf. Sie lernt stets fleißig, weiß dann in den meisten Klassenarbeiten aber nur noch wenig von dem, was sie vorher noch konnte. Silvana hat dann oft das Gefühl, »doof« zu sein und nicht so klug wie ihre Mitschülerinnen, und das, obwohl sie sich wirklich immer sehr anstrengt. Silvana berichtet gleichzeitig, dass sie während des Lernens für die Klassenarbeiten oft dasitzt und erst ganz plötzlich merkt, dass sie in einer ganz anderen Welt gewesen ist, wenn schon eine ganze Weile vergangen ist. Der Blick aus dem Fenster oder die Dinge auf ihrem Schreibtisch verwandeln ihre Gedanken in kleine Geschichten, die sie dann von den eigentlichen Aufgaben ablenken. Irgendwie ist alles viel zu viel für sie.

Silvana benötigt definitiv Unterstützung bei den Hausaufgaben und beim Lernen. Es wird deutlich, dass sie damit überfordert ist und sich ihren Tagträumen nicht allein entziehen kann. Hilfreich könnte sein, dass Silvana mit ihren Eltern die Zeit zum Lernen taktet und beispielsweise nach 15 Minuten ein kleiner Wecker klingelt, der sie daran erinnern soll, sich auf die Aufgaben zu konzentrieren oder eine kleine Trink- oder Bewegungspause zu machen. Auch könnten Mutter oder Vater in ihr Zimmer kommen und ihre Unterstützung anbieten oder nachfragen, ob Silvana mit dem Bearbeiten der Aufgaben vorankommt. Außerdem ist das Entfernen möglicher »Ablenker« sinnvoll.

Es fällt vielen Kindern nicht leicht, sich nach dem Schulvormittag auch noch am Nachmittag mit den Hausaufgaben zu beschäftigen. Manchmal fühlt es sich für sie an, als sei da eine unüberwindbare Hürde und ein riesiger Berg an Aufgaben. Dabei wird es immer Aufgaben geben, die Ihrem Kind leichter fallen, und andere Aufgaben, die eher Schwierigkeiten bereiten.

Das könnte helfen: Zunächst sollten Sie sich beim Thema Hausaufgaben in das Gefühlsleben Ihres Kindes versetzen. Unangenehme Dinge erledigen zu müssen, hört nie auf, und somit ist es natürlich gut, wenn Ihr Kind lernt, dass es immer Aufgaben im Leben geben wird, die man nicht gern erledigt. Versuchen Sie Ihrem Kind zu vermitteln, dass man dann zwei Wege zur Auswahl hat: Entweder man schiebt es viel zu lange auf, bis die Aufgaben unter Zeitdruck erledigt werden müssen oder sie vielleicht gar nicht mehr zu schaffen sind (das hat meist negative Konsequenzen), oder man versucht, es sich möglichst nett dabei zu machen, sodass man zügig zu angenehmeren Unternehmungen übergehen kann.

Um den angenehmeren Weg zu gehen, können Ihnen und Ihrem Kind dabei drei wichtige Punkte helfen:

- der richtige Zeitplan
- ein angenehmer Arbeitsplatz
- die richtigen Arbeitsmittel

Um den richtigen Zeitplan zu erarbeiten, finden Sie zunächst heraus, zu welcher Tageszeit Ihr Kind am besten arbeiten kann. Das ist von Mensch zu Mensch ganz unterschiedlich. Sind Sie als Eltern beide berufstätig oder besucht Ihr Kind eine Ganztagsschule, dann sind die Abendstunden wichtig für die gemeinsame Planung, andernfalls kann die Mittagszeit dafür genutzt werden. Das heißt, nach der Schule sollte zunächst Zeit für ein entspanntes Mittagessen eingeplant werden oder am Abend ein gemeinsames Abendessen. Hier gibt es die Möglichkeit zu erzählen, was es in der Schule Neues gab, oder von Erlebnissen zu berichten. Dann können Sie gemeinsam den Nachmittag besprechen oder den nächsten Tag planen. Gibt es Termine für Sportverein, Freunde oder andere Verpflichtungen? Es sollte ein festes Zeitfenster geben, in dem Zeit für Hausaufgaben und Lernen eingeplant ist. Bei Kindern im Grundschulalter sollte eine Zeitspanne von 30 bis 45 Minuten pro Tag nicht überschritten werden. Sollte diese Zeit nicht ausreichen, empfiehlt es sich, dass Sie mit der Lehrkraft Kontakt aufnehmen. Treffen Sie mit ihr klare Absprachen für den Fall, dass Ihr Kind die Aufgaben nicht in der vorgegebenen Zeit geschafft hat, und kennzeichnen Sie im Hausaufgabenheft, dass Sie die verabredete Zeit eingehalten haben. Wichtig dabei ist, dass Sie mit Ihrem Kind klar absprechen, dass nur die Zeit als Arbeitszeit gilt, in der auch konzentriert gearbeitet wurde. Trödeln, Schimpfen oder Zeitschinden zählen somit nicht dazu. Eine Uhr (z. B. von TimeTex), auf der klar der Ablauf der Zeit zu sehen ist, kann Ihrem Kind dabei helfen. Die Tatsache, dass die Zeit absehbar ist und nicht ins Endlose ausufert, wird Ihrem Kind helfen, sich schneller an die Hausaufgaben zu setzen. Bauen Sie in die Hausaufgabenzeit bewusst auch Pausen ein, in denen sich Ihr Kind gegebenenfalls auspowern kann. Dabei können ein Trampolin, ein Boxsack, das Springseil oder einfach die Möglichkeit, sich zu bewegen, helfen.

Für den Arbeitsplatz gilt es, sich diesen so angenehm wie möglich zu gestalten. Das heißt natürlich, dass ablenkende Reize wie Fernseher, Handy oder Spielekonsole hier keinen Platz finden. Auch spielende Geschwisterkinder sollten sich nach Möglichkeit in dieser Zeit nicht in der Nähe aufhalten. Der Platz sollte fest sein und möglichst hell. Stuhl und Tisch müssen zur Größe Ihres Kindes passen. Wenn Ihr Kind zu den bewegungsfreudigen ADHSler*innen gehört, ermöglichen Sie ihm auch im Sitzen, seinen Bewegungsdrang auszuleben. Hilfreich könnten beispielsweise sogenannte Wackelkissen sein. Dies sind aufblasbare, sensorische Kissen, die zu einer Körperhaltung führen, die Flexibilität, Koordination und das Gleichgewicht fördern und ein aktives Sitzen ermöglichen. Auch Fußmassagerollen unter dem Schreibtisch können Ihrem Kind bei seinem Bewegungsdrang helfen. Eine weitere Möglichkeit ist auch, dass Sie den Schreibtischstuhl durch einen Gymnastikball ersetzen. Hier hat Ihr Kind die Kontrolle über die Intensität der Hüpfbewegung, und gleichzeitig wird eine aufrechte Haltung geschult.

Sicher haben Sie schon oft beobachtet, dass Ihr Kind ständig mit dem Stift, dem Radiergummi oder anderen Gegenständen hantiert und spielt, während es sich konzentrieren soll. Unterstützen Sie diese Impulse durch geeignete »Fidget«-Spielzeuge. Der sogenannte Fidgetspinner erfreute sich einige Zeit eines großen Interesses bei Kindern. Und es gibt wahre Künstler*innen, die schwierige Tricks damit einüben. Ihrem Kind kann ein solcher Fidgetspinner bei der Konzentration helfen. Auch andere Spielzeuge, wie der Fidgetcube oder auch Knautschbälle, gehören zu den sensorischen Spielzeugen, die Ihrem Kind beim Konzentrieren sowie beim Stressabbau während der Hausaufgaben helfen können.

Grundsätzlich sollten Sie Ihrem Kind überlassen, in welcher Position es seine Aufgaben erledigt. Wenn das Sitzen am Schreibtisch schwerfällt, warum nicht auf dem Fußboden? Solange die Aufgaben sauber und ordentlich erledigt werden, sollte es keinen Grund geben, dem Kind nicht zu erlauben, auch auf dem Boden zu arbeiten. Lassen Sie alles zu, was die Konzentration positiv beeinflusst, solange es keine Bedenken hinsichtlich eines reibungslosen Ablaufes der Hausaufgabensituation gibt.

Wenn alles gut eingerichtet ist, fehlen nur noch die richtigen Arbeitsmittel. Als Grundlage sollte der Tages- und Wochenplan gut sichtbar aufgehängt sein. Machen Sie die gesamte Organisation der Woche für Ihr Kind transparent. So kann es für keinen unangenehme Überraschungen geben. To-do-Listen und das konsequente Führen eines Hausaufgabenheftes helfen gleichzeitig dabei, wichtige Aufgaben nicht zu vergessen. Erwarten Sie nicht, dass Ihr Kind sofort fehlerlos ein Hausaufgabenheft führt. Auf dem Weg zum selbstständigen Notieren benötigt es vielleicht noch ein wenig Hilfe von Ihnen und/oder der Lehrkraft. Wenn das Notieren mal nicht geklappt hat, ermutigen Sie Ihr Kind, beim nächsten Mal daran zu denken, und bestrafen Sie es nicht, wenn es mal etwas vergisst. Bei der Auswahl des Schreibmaterials sollten Sie überprüfen, ob Ihr Kind möglicherweise Schwierigkeiten mit dem richtigen Druck beim Schreiben hat. Beobachten Sie motorische Probleme bei Ihrem Kind, empfiehlt es sich, dicke Buntstifte zum Malen zu nutzen. Achten Sie bei Filzstiften auf eine feste Spitze. Für die richtige Stifthaltung gibt es eine große Auswahl an Stifthaltern, die aus Gummi bestehen und ergonomisch geformt sind.

Möglicherweise hat Ihr Kind durch den zu starken Druck auch Probleme mit einem Füller. Sprechen Sie mit der Lehrkraft ab, dass ein Tintenroller ebenso eine schöne Schrift ergibt, ohne dass sich Ihr Kind mit der Feder eines Füllers abmühen muss.

Checkliste für reibungslose Hausaufgaben

- ☐ Vereinbaren Sie für die Hausaufgaben mit Ihrem Kind eine feste Uhrzeit.
- ☐ Achten Sie darauf, dass das Kind einen eigenen, aufgeräumten und ungestörten Arbeitsplatz hat.
- ☐ Ein Hausaufgabenheft hilft für die Strukturierung der Aufgaben.
- ☐ Teilen Sie die Hausaufgaben in überschaubare Zeitintervalle ein.
- ☐ Legen Sie regelmäßige, kurze Pausen ein.
- ☐ Fordern Sie wichtige Aspekte ein, vermeiden Sie dabei zu viel Kritik.
- ☐ Achten Sie auf eine individuelle Einteilung der Aufgaben nach Schwierigkeitsgrad. Beispielsweise können Sie mit einer leichten Aufgabe starten, dann eine schwere Aufgabe bewältigen und zum Schluss wieder eine leichte Aufgabe erledigen.
- ☐ Vermeiden Sie Kritik während der Hausaufgaben.
- ☐ Loben Sie Ihr Kind ausreichend und angemessen.
- ☐ Versuchen Sie, überflüssige Diskussionen zu vermeiden. Lassen Sie sich also nicht in unnötige Gespräche verwickeln.
- ☐ Machen Sie die Zeit sichtbar und transparent. So kann Ihr Kind die Zeit besser abschätzen.
- ☐ Lassen Sie Ihr Kind nach der Fertigstellung der Hausaufgaben den Schulranzen für den nächsten Tag packen. Unterstützen Sie es gegebenenfalls dabei.

Vereinbarungen und Regeln einhalten

Wenn Vereinbarungen getroffen wurden, sollten sich alle Familienmitglieder daran halten, egal ob mit oder ohne AD(H)S. Bedenken Sie, dass Sie mit Ihrem Erziehungsstil großen Einfluss auf die Bereitschaft zur Einhaltung von Familienregeln oder Vereinbarungen haben. Ein demokratischer Erziehungsstil gilt dabei als sehr erfolgreich und heißt nichts anderes, als dass alles durch Beteiligung aller Familienmitglieder bestimmt wird. Demokratisch bezieht sich darauf, dass Kinder gemeinsam mit ihren Erziehungsberechtigten wichtige Entscheidungen treffen dürfen. So können das Selbstbewusstsein, das Selbstwertgefühl und die Selbstwirksamkeit der Kinder gestärkt werden, und sie lernen, für sich und ihre Ansichten und Wünsche in Diskussionen einzustehen. Im Gegensatz zum autoritären Erziehungsstil, wo Kindern jegliche Entscheidungsfreiheit untersagt ist, lernen die Kinder, dass Sie sich aktiv an den Vereinbarungen beteiligen können, was dazu führt, dass sie diese natürlich auch eher einhalten. Die Erkenntnis, nicht irgendwelchen Entscheidungen ausgeliefert zu sein, erhöht die Bereitschaft zu deren Einhaltung.

Sie unterstützen Ihre Kinder und ermutigen sie, ihren eigenen Weg zu gehen. Sie geben dabei Hilfestellungen, Stabilität und Rückhalt sowie ein konstruktives Feedback zum Verhalten Ihrer Kinder. Das bedeutet gleichzeitig, dass auch keine harten und für das Kind nicht nachvollziehbaren Strafen verhängt werden. Suchen Sie das Gespräch und besprechen Sie möglicherweise schwieriges Verhalten, und leiten Sie dann gemeinsam Konsequenzen daraus ab. Wenn Sie gemeinsam Regeln aufstellen, können Sie diese auch schriftlich festhalten. Dabei sollten Sie Folgendes beachten:

- Die Regel sollte eindeutig und überprüfbar sein.
- Die Regel enthält das Wort *Ich.*

- Die Regel ist kurz und verbindlich.
- Die Regel ist sachlich.
- Die Regel ist positiv formuliert.
- Die Regel sollte keine »Nicht«-Formulierung enthalten. Ein Beispiel wäre, dass Sie statt *»Du sollst nicht so zappelig sein«* lieber formulieren: *»Ich möchte, dass du für einen Moment still sitzt.«*

Was können Sie aber tun, wenn es trotzdem zu Regelverstößen kommt? Hier gilt es: Reagieren Sie konsequent und angemessen. Regelbrüche haben immer unterschiedliche Schweregrade. Nun heißt es für Sie, mit Fingerspitzengefühl zu reagieren. Wichtig ist, dass Sie Ihr Kind unmittelbar auf den Regelverstoß ansprechen. Bei leichten Regelverstößen können Sie gut mit Humor reagieren, vermeiden Sie aber Sarkasmus. Wenn der Regelverstoß schwerwiegender ist, hinterfragen Sie, warum es zum Regelverstoß kam. Sie geben Ihrem Kind damit die Chance zu reflektieren, was da eigentlich schiefgelaufen ist. Im Anschluss erarbeiten Sie gemeinsam mögliche Konsequenzen, sofern diese erforderlich sind.

Was tun bei Wutausbrüchen?

Temperamentvolle Kinder können ordentliche Wutausbrüche haben. Dazu gehören Schreien, Kreischen, Brüllen und manchmal auch handfeste Auseinandersetzungen. Sie als Eltern stehen dem sicher manchmal hilflos gegenüber. Doch das sind Sie nicht! Sie begleiten Ihr Kind in so vielen verschiedenen Gefühlslagen: Sie freuen sich mit ihm über Erfolge, Sie trösten es bei Traurigkeit, Sie machen ihm Mut, wenn es Angst hat, oder teilen die Aufregung vor wichtigen Ereignissen. Und so können Sie auch Ihr Kind bei Wutausbrüchen stützen und begleiten.

Mit einem Wutausbruch möchte Ihr Kind Ihnen etwas mitteilen, was es mit Wörtern nicht ausdrücken kann. Was es nun braucht, ist Ihre Sicherheit. Die Sicherheit, dass Sie es auch lieben, wenn es rebelliert, und dass Sie es respektieren, wenn es anderer Meinung ist, auch wenn die impulsive Reaktion nicht angebracht ist. Nehmen Sie den Wutausbruch niemals persönlich gegen sich selbst gerichtet, denn so ist er nicht gemeint. Vielmehr ist es oft eine Reaktion auf etwas, was gerade nicht funktioniert. Vielleicht wirft Ihr Kind die Stifte durch sein Zimmer und zerreißt das Blatt, an dem es gerade gearbeitet hat, weil das Bild nicht seinen eigenen Ansprüchen entspricht, es aber auch noch nicht in der Lage ist, ein Bild nach den eigenen Vorstellungen zu malen. Dann ist Ihr Kind in dem Moment einfach enttäuscht, frustriert und eben wütend.

Bringen Sie Ihrem Kind gegenüber Verständnis auf. Nehmen Sie seine Wut ernst, bagatellisieren Sie die Situation nicht, sondern zeigen Sie ernsthaftes Interesse an den momentanen Gefühlen Ihres Kindes.

In ganz akuten Wutanfällen hilft oftmals nur Trösten und Abwarten, dass sich Ihr Kind beruhigt. Schauen Sie, was es in der Situation braucht: Möchte es umarmt und gehalten werden, braucht es einfach nur Ihre Anwesenheit, oder hilft das geliebte Kuscheltier? Wenn der größte Sturm vorbeigezogen ist, können Sie beruhigend mit Ihrem Kind sprechen und überlegen, was nun helfen könnte.

Was Sie tunlichst vermeiden sollten, ist, Ihr Kind anzubrüllen oder mit Strafen zu drohen. Das ist nicht deeskalierend, sondern verschärft die Situation nur. Sollte Ihr Kind jedoch handgreiflich werden, sei es Ihnen, sich selbst oder Gegenständen gegenüber, sollten Sie mit einem deutlichen »Nein« eine Grenzüberschreitung anzeigen. Schauen Sie Ihrem Kind dabei unbedingt direkt in die Augen, damit es versteht, dass an dieser Stelle ein Stopp ist. Nehmen Sie erst dann Erklärungen vor, wenn sich Ihr Kind wieder beruhigt hat.

Mit allen Sinnen: Ganzheitliche Übungen für zu Hause

Es gibt eine lange Reihe ganzheitlicher Übungen, die diverse Bereiche in der kindlichen Entwicklung fördern. Insbesondere Kinder mit AD(H)S sollten ein »alle Sinne« anregendes Angebot an Übungen erhalten, damit sie ihre Vielfalt an Stärken und Ressourcen ausleben und entdecken können. Kinder mit AD(H)S sind besonders neugierig auf Beschäftigungen, die all ihre Sinne ansprechen.

Die Sinne – Sehen, Hören, Fühlen, Riechen und Schmecken – liefern Ihrem Kind viele Eindrücke über seine Umwelt. Das Greifen ist als Be-greifen zu verstehen, und das Fassen kann mit Er-fassen gleichgesetzt werden. Bereits bevor sich Ihr Kind sprachlich mitteilen kann, gewinnt es so ein Wissen über räumliche Beziehungen.

Ein wichtiger Aspekt aller folgenden Übungen ist die Kreativität. Kinder wollen auf ihre Weise kreativ sein und lieben es, ihrer Fantasie beim Malen, Basteln, Bauen, Tanzen, Singen und Spielen freien Lauf zu lassen. Dabei erlernt Ihr Kind spielerisch wertvolle Fähigkeiten und entdeckt vielfältige Möglichkeiten, sich auszudrücken sowie Emotionen, Erlebtes und Erlerntes zu verarbeiten. Das wiederum stärkt das kindliche Selbstbewusstsein und trägt zur ganzheitlichen Entwicklung bei. Gleichzeitig fördert das kreative Tun die sprachlichen Kompetenzen Ihres Kindes. Beim gemeinsamen Basteln, Malen und Spielen lernen Kinder voneinander, erweitern ihren Wortschatz, verbessern ihre Aussprache und entwickeln wertvolle soziale Kompetenzen. Ganzheitliche Förderung bedeutet, dass es keine Entwicklungsbereiche gibt, die »wertvoller« sind als andere. Alle unterschiedlichen Entwicklungsbereiche des Lebens sind gleichwertig.

Der Tastsinn – haptische und taktile Wahrnehmung fördern

Die haptische Wahrnehmung bezeichnet das tastende »Begreifen« im Wortsinn, eine Wahrnehmung durch aktives Erkunden. Es geht dabei um das aktive Erfassen von Größe, Kontur, Textur, Temperatur und Masse eines Objekts. Die passive Wahrnehmung von Reizen nennt man dagegen taktile Wahrnehmung. Kurz gesagt: haptisch heißt etwas aktiv berühren, taktil bedeutet berührt werden.

Um den Tastsinn zu fördern, empfehle ich Ihnen, dass Sie Ihrem Kind eine Vielzahl an verschiedenen Materialien zur Verfügung stellen. Um das »Fühlerlebnis« ganz und gar auf den haptischen Sinn zu reduzieren, sollten alle anderen Sinne für einen Moment ausgeschaltet werden, beispielsweise durch Augenbinden, Kopfhörer oder Ohrstöpsel. Für ein sonst sehr reizoffenes AD(H)S-Kind entsteht dann die Konzentration auf genau einen Sinn.

ÜBUNG

Fühl-Memory

Material:

- kleine Säckchen zum selber Befüllen
- Füllstoffe wie z. B. Reis, Erbsen, Sand, Mehl, Steine, Kies, Watte etc.

Befüllen Sie die Säckchen mit den unterschiedlichen Füllstoffen. Von jedem Füllstoff müssen zwei Säckchen vorhanden sein. Achten Sie darauf, dass die Säckchen äußerlich identisch aussehen. Wenn alle Säckchen befüllt sind, werden sie durcheinandergemischt und anschließend auf dem Boden verteilt. Nun funktioniert das Spiel wie ein herkömmliches Memory: Es müssen jeweils zwei Säckchen befühlt werden. Hat man zwei Säckchen mit dem gleichen Inhalt ertastet, darf man sie auf seine Seite legen. Wer am Schluss die meisten Säckchen hat, hat gewonnen.

Wenn Sie bei Ihrem Kind die haptische Wahrnehmung fördern möchten, aber gleichzeitig kontrollierte größere Bewegungen einbinden wollen, dann ist folgende Übung für Ihr Kind sinnvoll.

ÜBUNG

Figuren legen

Material:

- Seil oder dicke Kordel/Wolle

Legen Sie mithilfe der Kordel/Wolle oder des Seiles geometrische Figuren oder Formen auf den Boden. Ihr Kind darf Sie dabei nicht beobachten. Mit geschlossenen oder verbundenen Augen soll Ihr Kind nun die Figur vorsichtig abtasten und erraten, um welche Form es sich dabei handelt.
Die Rollen dürfen gern getauscht werden, sodass Ihr Kind die Figur legt und Sie sie ertasten müssen.

Ein AD(H)S-Kind ist erfinderisch und möchte viele Dinge ausprobieren. Dabei ist ganzer Körpereinsatz gefragt, und es darf auch mal kniffliger werden, wie in der nächsten Übung:

ÜBUNG

Murmeln sammeln

Material:

- einige Murmeln

Verteilen Sie im Raum einige Murmeln und stellen in die Mitte des Raumes ein Behältnis, z. B. einen Korb. Ihr Kind erhält die Aufgabe, die Murmeln einzusammeln und in den Korb zu legen. Wer sagt jedoch, dass man nur mit den Händen einsammeln kann? Die Aufgabe besteht hier nämlich darin, die Murmeln mit den Zehen aufzusammeln!

Ist Ihr Kind vielleicht eher grobmotorisch veranlagt? Dann können Sie die haptische Wahrnehmung auch großflächiger gestalten. Besonders schön ist es, wenn Sie Ihr Kind in die Gestaltung des Materials einbeziehen können. Mit einem sogenannten Tast-Teppich haben Sie die Möglichkeit, feinmotorische Hindernisse zu umgehen und durch das Nutzen großer Flächen die Tastmöglichkeiten stetig zu erweitern.

ÜBUNG

Der Tast-Teppich

Material:

- verschiedene Stoffreste, Papier- und Plastikmaterialien, die möglichst in einer einheitlichen Flächenabmessung zusammengelegt oder aufgeklebt werden (z. B. Baumwollstoff, Fell,

Samt, Papier, Schleifpapier in unterschiedlicher Körnung, Folie, Pappe, Glasscheibe etc.)

Fügen Sie die unterschiedlichen Materialien aneinander, sodass aus ihnen eine Art Teppich entsteht. Nun darf Ihr Kind die unterschiedlichen Materialien durch Fühlen erkennen. Wenn es möchte, darf es anschließend auch noch einmal mit den Füßen ertasten.

Manchmal kann es sein, dass ein Kind mit AD(H)S Schwierigkeiten hat, seinen Körper wahrzunehmen oder zu spüren. Da ist es hilfreich, Übungen einzusetzen, durch die Ihr Kind sein Körperschema zu erkennen lernt.

ÜBUNG

Der Papiermensch

Material:

- dicke Filzstifte
- Papierrolle/Tapete

Ihr Kind legt sich auf die Papierrolle/Tapete, und Sie umranden seinen Körper mit einem dicken Filzstift. Dann benennt es jedes der gemalten Körperteile. Anschließend gestaltet Ihr Kind sein ausgeschnittenes Körperbild nach seinen eigenen Vorstellungen mit Farben für das Gesicht und Kleidung.

Um verschiedene Materialien passiv auf der Haut zu erkennen oder zu spüren, sollten Sie auch hier wieder auf verschiedene Reize zurückgreifen. Ein besonders positiver Nebeneffekt der folgenden Übungen ist eine entspannende Wirkung, die Ihrem bewegungsfreudigen Kind ein wenig Ruhe verschafft.

ÜBUNG

Menschliche Waschanlage

Material:

- Pinsel verschiedener Stärke
- Federn
- Schwämme etc.

Ihr Kind darf sich auf den Bauch legen. Nun fährt es gedanklich durch eine Waschanlage, in der seine Körperrückseite durch verschiedene Mittel »gereinigt« wird. Mit Pinsel und Co. streichen Sie nun über Rücken, Arme und Beine. Ihr Kind muss dabei benennen, welches »Reinigungsmittel« es nun gerade berührt.

Abwechslungsreiche und besondere taktile Erlebnisse machen Ihrem AD(H)S-Kind sicher Spaß. Sie können auch helfen, Verkrampfungen, zum Beispiel beim Schreiben oder Malen zu lösen. Sie wissen sicher selbst gut, wie es sich anfühlt, mit einem Stift ein Bild zu malen. Manchmal erfordert es einen hohen Kraftaufwand in der Hand, und man verkrampft in der Strichführung. Mit der folgenden Übung können verkrampfte Haltungen gelockert werden. Alles fühlt sich plötzlich anders an als das Gewohnte, und sie macht zudem noch unheimlich viel Spaß.

ÜBUNG
Schaumparty

Material:

- großes Tablett
- Rasierschaum

Bereiten Sie ein großes Tablett mit einer glatten Oberfläche vor, und sprühen Sie etwas Rasierschaum darauf. Nun darf Ihr Kind nach Herzenslust Bilder und Muster hineinmalen. Machen Sie ein kleines Spiel daraus und erraten Sie die gemalten Bilder Ihres Kindes wie bei den »Montagsmalern«.

Das Gehör – die auditive Wahrnehmung fördern

Unter der auditiven Wahrnehmung versteht man die Aufnahme von Tönen und Geräuschen von außen über das Ohr und die damit verbundene innere Verarbeitung und Umsetzung des »Gehörten« im Gehirn. Die »Hörwahrnehmung« ist unter anderem für den Erwerb von Lesen und Schreiben sehr wichtig. Laute zu differenzieren, und das auch noch in lauten oder leisen Tönen, ist also eine gute Fördermöglichkeit der auditiven Wahrnehmung. Um das Ganze ganz kreativ zu gestalten, wird Ihnen die folgende Übung helfen.

ÜBUNG

Laut – Leise

Alle laufen gemeinsam durch den Raum. Eine oder einer wird bestimmt, dabei bewusst unterschiedliche Geräusche in unterschiedlicher Lautstärke zu machen. Zum Beispiel abwechselnd laut mit den Füßen trampeln oder stampfen und leise auf den Zehenspitzen gehen, abwechselnd leise und laut klatschen etc. Es darf auch geschrien oder geflüstert werden. Oder Sie imitieren Tierlaute: brüllen wie ein großer Löwe und leise miauen wie eine Katze. Die anderen ahmen das dann nach. Nach einer Weile wird abgewechselt, und ein anderes Kind macht die nächste Ansage. Wichtig dabei ist, dass die Geräusche abwechslungsreich in verschiedenen Lautstärken gemacht werden.

Sich Dinge zu merken, ist nicht immer einfach. Und vielen Kindern mit AD(H)S fällt es schwer, gehörte Anweisungen abzuspeichern. Das liegt daran, dass ihre sogenannte auditive Merkspanne recht kurz ist. Informationen wie Hausaufgaben, Arbeitsanweisungen oder Aufträge, die mehrere Aspekte beinhalten, sind dann schnell vergessen. Mit der folgenden Übung können Sie die auditive Merkspanne bei Ihrem Kind fördern.

ÜBUNG

Akustisches Kofferpacken

Ihr Kind beginnt mit einem Geräusch, welches es »in den Koffer packt«. Der Nachbar wiederholt es und ergänzt es durch ein eigenes Geräusch, welches dessen Nachbar auch wieder aufgreift, bis irgendwann alle einmal dran waren. Die Geräusche müssen immer wiederholt werden, und das Spiel endet, sobald einer ein Geräusch vergessen hat. Je mehr Mitspieler*innen dabei sind, desto schwieriger wird dieses Spiel.

Zur auditiven Wahrnehmung gehören auch Aspekte wie das Unterscheiden von Lauten oder Reimen. Häufig werden *d* und *t* verwechselt sowie *g* und *k* oder *b* und *p*. Um zu überprüfen, ob Ihr Kind die Laute gut unterscheiden kann, eignet sich die nächste Übung. Außerdem fördern Sie damit gleichzeitig die auditive Aufmerksamkeit, wovon Ihr Kind auch in der Schule profitieren wird.

ÜBUNG

Wortketten

Sie nennen ein beliebiges Wort, und Ihr Kind muss mit dem letzten Laut dieses Wortes ein neues Wort bilden, wie z. B. *Blatt – Tafel – Lama – Apfel ...*

Eine Variation dazu wäre, dass Sie allein eine Wortkette bilden. Ihr Kind hört genau zu und greift sofort ein, sobald Ihnen ein Fehler unterlaufen ist. Dies schult nicht nur das Erkennen von Lauten, sondern auch die auditive Merkspanne.

Um für Ihr bewegungsfreudiges Kind ein bisschen körperliche Aktivität ins Spiel zu bringen, können Sie die nächste Übung einsetzen. Auch damit fördern Sie die auditive Aufmerksamkeit sowie die auditive Merkspanne, jedoch mit dem Ziel, das Ganze mit etwas Bewegung zu verbinden.

ÜBUNG

Bewegte Geschichte

Lesen Sie Ihrem Kind eine Geschichte vor. Vereinbaren Sie vorher gemeinsam ein Wort und eine Bewegung. Wenn Sie nun die Geschichte vorlesen, muss Ihr Kind jedes Mal die Bewegung ausführen, wenn das vereinbarte Wort von Ihnen vorgelesen wird. Zum Beispiel kann Ihr Kind beim Wort »aber« einmal aufstehen, bei »und« einmal hüpfen oder bei »der«, »die« und »das« den Arm in die Luft strecken.

Hat Ihr Kind Rhythmus im Blut? Dann nutzen Sie dieses Interesse, und kreieren Sie abwechslungsreiche »Klopfrhythmen«. Anders als beim reinen Hinhören ist hier auch Körpereinsatz gefragt.

ÜBUNG

Rhythmus nachklopfen

Sie klopfen einen Rhythmus auf dem Tisch, dem Boden oder auf den Oberschenkeln, und Ihr Kind kann den Rhythmus nachklopfen. Beginnen Sie dabei zunächst mit wenigen Klopfzeichen, und erhöhen Sie langsam die Anzahl. Achten Sie dabei auf einen abwechslungsreichen Rhythmus.

Frische Luft tut immer gut und ist gesund. Sie können die auditive Wahrnehmung auch sehr gut in der freien Natur oder grundsätzlich draußen fördern.

ÜBUNG

Horchspaziergang

Machen Sie den nächsten Spaziergang zu einem Horchspaziergang. Was kann man alles hören ...
... in der Stadt?
... im Wald?
... auf der Baustelle?
... am Fluss?
Sie können an verschiedenen Stellen Geräusche mit Ihrem Handy aufnehmen und sich später gemeinsam mit Ihrem Kind an die verschiedenen Orte, an denen die Geräusche aufgenommen wurden, erinnern.
Mit den unterschiedlichen Geräuschen können Sie auch weitere Spiele spielen: Erzählen Sie sich zu den einzelnen Geräuschen eine Geschichte, oder Ihr Kind kann dazu ein Bild malen.

Das Verknüpfen von auditiven und visuellen Reizen ist ausgesprochen sinnvoll, auch wenn es darum geht, Inhalte zu lernen. Wenn zwei Sinnesreize miteinander kombiniert werden, lernt das Gehirn in der Regel, die Informationen besser abzuspeichern. Auf spielerische Art und Weise können Sie eine solche Lernmethode erarbeiten.

ÜBUNG

Hör-Lotterie

Material:

- verschiedene Geräusche (z. B. auf dem Handy aufgezeichnet)
- Kärtchen zum Bemalen

Ihr Kind darf zu den verschiedenen Geräuschen auf Ihrem Handy passende Bildkärtchen bemalen. Legen Sie die Bildkärtchen auf den Tisch verteilt. Spielen Sie nun abwechselnd verschiedene Geräusche ab, und Ihr Kind muss blitzschnell die passende Bildkarte finden.

Um das Hören und Sehen zu einer intensiven Erfahrung zu machen, kann man Musik und bildende Kunst miteinander kombinieren. Neben den eigenen kreativen Ausdrucksmöglichkeiten der Kinder fördert die folgende Übung ihre Konzentration, auditive und visuelle Wahrnehmung und die motorischen Fähigkeiten.

ÜBUNG

Malen zur Musik

Material:

- Papier oder Tapete
- Lieblingsmusik

Lassen Sie Ihr Kind zur Musik malen. Dazu kann die Lieblingsmusik Ihres Kindes verwendet werden. Nutzen Sie dabei möglichst großflächiges Papier (oder Tapetenrolle). Passend zur Musik kann Ihr Kind dann ruhig und besonnen oder dynamisch-rhythmisch malen.

Unsere Augen – die visuelle Wahrnehmung fördern

Ähnlich wie bei der auditiven Wahrnehmung geht es bei der visuellen Wahrnehmung nicht um die Sehstärke und damit verbunden die Sehfähigkeit durch das Organ, sondern um die Aufnahme von optischen Reizen durch das Auge und ihre Verarbeitung sowie Speicherung im Gehirn. Durch den Abgleich mit Erinnerungen und Erfahrungen werden die aufgenommenen Informationen dann interpretiert. Damit können beispielsweise Buchstaben unterschieden und bewusst verarbeitet werden, sodass die Kinder das Lesen und Schreiben erlernen können. Die Umsetzung der visuellen Wahrnehmung nennt man Visuomotorik, was auch als Auge-Hand-Koordination bezeichnet wird. Das bedeutet, dass die visuell wahrgenommenen Eindrücke als zielgerichtete Bewegungen ausgeführt werden. Die visuomotorische Koordination beginnt mit dem Zeitpunkt der Geburt Ihres Kindes.

Im folgenden Abschnitt erhalten Sie eine Auswahl an Fördermöglichkeiten der visuellen Wahrnehmung, die unter anderem wichtig für den Erwerb der Auge-Hand-Koordination, das Rechnen, künstlerische Fertigkeiten, Konzentration und Aufmerksamkeit ist. Diese Fertigkeiten können bei von AD(H)S betroffenen Kindern besonders ausgeprägt sein, wie zum Beispiel die künstlerischen Talente, oder förderbedürftig sein, wie zum Beispiel die Konzentration, und sollten entsprechend früh gefördert werden.

In der ersten Übung lernt Ihr Kind, verschiedene Formen zu unterscheiden und gleichzeitig zu erkennen, dass Formen zwar unterschiedliche Gestalt haben, aber trotzdem ein und dieselbe geometrische Figur sein können.

ÜBUNG

Formen im Raum finden

Nehmen Sie verschiedene Formen und fordern Sie Ihr Kind dazu auf, im Raum genau diese Formen zu suchen. Zum Beispiel: Welche Gegenstände/Möbel/... sind im Raum rund? Zählen Sie die Gegenstände, und gehen Sie dann über zur nächsten Form – was ist alles eckig im Raum? Und so weiter. Schauen Sie am Schluss, von welcher Form Sie die meisten Gegenstände im Raum finden konnten. Wenn Ihr Kind die Formen gut erkennen kann, können Sie die Schwierigkeit steigern, indem Sie Ihr Kind auffordern, die erkannte Form mit Zirkel, Geodreieck und Lineal auf Papier zu übertragen. Sie fördern damit gleichzeitig den Umgang mit Lineal und Stift.

Eng verknüpft mit der Förderung der Konzentration ist die folgende Übung im Bereich der visuellen Wahrnehmungsförderung. Sich visuelle Reize einprägen zu können ist eine wichtige Grundlage für das Lernen und Merken von Inhalten auf symbolischer Ebene. Dies können Sie mit dem Folgenden spielerisch üben.

ÜBUNG

Was hat sich verändert?

Material:

- viele unterschiedliche, kleine Gegenstände

Legen Sie mehrere Gegenstände auf den Tisch. Ihr Kind darf sich dann alle Gegenstände und ihre Anordnungen einprägen. Anschließend muss sich Ihr Kind umdrehen, während Sie zwei Teile tauschen, einen Gegenstand entfernen oder einen anderen dazulegen. Ihr Kind kann sich nun wieder umdrehen und soll herausfinden, welche Veränderungen Sie vorgenommen haben. Hat Ihr Kind die Lösung gefunden, tauschen Sie im nächsten Durchgang die Rollen. Nun müssen Sie erraten, was Ihr Kind an Änderungen vorgenommen hat.

Wie bei der Links- oder Rechtshändigkeit haben wir alle auch ein dominantes Auge. Im Alltag merkt man so erst einmal nicht viel davon. Trotzdem ist es wichtig, beide Augen auch mal abwechselnd zu trainieren. Ein positiver Nebeneffekt: Diese Übungen entschleunigen, da durch die fehlende Dreidimensionalität Aufgaben nicht so einfach ausgeführt werden können. Kinder mit AD(H)S lernen dabei, Aufgaben mit Ruhe zu bewältigen und Bewegungen langsamer auszuführen.

ÜBUNG

Genaues Hinschauen mit einem Auge

Material:

- Schal, Tuch oder Augenklappe
- Perlen, Lego, Puzzle, Nadel und Faden etc.

Bei dieser Übung veranstalten Sie einen Wettbewerb mit Ihrem Kind. Sie fördern die visuelle Wahrnehmung, indem Ihr Kind verschiedene Aufgaben mit der halben Sehkraft bewältigt. Nutzen Sie ein Tuch, einen Schal oder eine Piratenklappe, und verbinden Sie damit ein Auge Ihres Kindes. Stellen Sie ihm nun mehrere vorbereitete Aufgaben, und stoppen Sie die Zeit. Lassen Sie es erst das eine und in der zweiten Runde dann das andere Auge bedecken.
Aufgaben können beispielsweise das Ausmalen eines Bildes, Lego bauen, Puzzles zusammensetzen, einen Faden aufziehen oder Perlen auffädeln sein.

Ein Teilbereich der visuellen Wahrnehmung ist die sogenannte Auge-Hand-Koordination. Diese benötigt man beispielsweise beim Schreiben: Um auf den Linien zu bleiben, muss das Auge die Hand führen, es muss die Hand koordinieren. Auch beim Ballfangen ist die Auge-Hand-Koordination gefragt, denn das Auge muss dem Ball folgen und der Hand befehlen, im richtigen Moment die notwendige Greifbewegung auszuführen. Wenn Sie bei Ihrem AD(H)S-Kind also beobachten, dass es häufig über die Linie malt oder im Spiel Bälle nicht fängt, dann hilft Ihnen Folgendes weiter:

ÜBUNG

Zielübungen

Um die Auge-Hand-Koordination Ihres Kindes zu fördern, eignen sich verschiedene Spiele, bei denen Ihr Kind gut zielen muss. Dazu gehören beispielsweise:

Dosenwerfen – Stellen Sie im Garten mehrere Blechdosen auf, mit einem Tennisball darf Ihr Kind die Dosen umwerfen.

Ballwerfen – Ein Papierkorb in der Mitte des Raumes dient als Ziel, Ihr Kind kann nun möglichst viele Tennis- oder Tischtennisbälle hineinwerfen.

Sandsäckchen werfen – Legen Sie kleine bunte Papierkärtchen auf dem Boden im Raum verteilt aus. Nun kann Ihr Kind versuchen, auf möglichst viele Papierkärtchen ein Sandsäckchen zu werfen.

Ringe werfen – Stellen Sie einen Stuhl umgedreht auf die Sitzfläche eines anderen Stuhls, sodass die vier Beine nach oben ragen. Über die Stuhlbeine können nun wunderbar Ringe geworfen werden.

Die visuelle Wahrnehmung können Sie auch beim nächsten Sonntagsspaziergang wunderbar fördern. Kinder mit AD(H)S sind in der Regel sehr wissbegierig und neugierig. Sie werden eine wahre Freude daran haben, beim nächsten Spaziergang die Dinge mal mit anderen Augen wahrnehmen zu können.

ÜBUNG

Die Welt vergrößern

Material:

- Lupe oder Papprolle

Wenn Sie den nächsten Spaziergang machen, können Sie mit Ihrem Kind und einer Lupe noch ganz andere Dinge entdecken. Mit einer Lupe kann Ihr Kind Gräser, Blätter oder Käfer vergrößern und betrachten. Sollten Sie keine Lupe zur Hand haben, hilft auch eine Papprolle – durch sie sieht man nur einen Ausschnitt der Welt und nimmt diesen ganz besonders genau wahr.

Um seine Umwelt genau wahrzunehmen, muss man sie aufmerksam betrachten. Mit dem folgenden Spiel lernt Ihr Kind, auf Einzelheiten zu achten und diese zu erkennen. Der Blick wird geschult, nicht nur das Oberflächliche zu sehen, sondern ein Gespür für Details zu entwickeln.

ÜBUNG

Detektiv

Sie stellen sich mit Ihrem Kind gegenüber auf. Beide betrachten sich nun ganz genau. Dann drehen Sie sich beide den Rücken zu, und jeder verändert etwas an seinem Aussehen (Uhr ans andere Handgelenk, Brille abnehmen, etwas an der Frisur verändern …). Anschließend drehen Sie sich wieder zueinander und finden heraus, was sich am anderen verändert hat.

Bewegung – die kinästhetische Wahrnehmung fördern

Die kinästhetische Wahrnehmung bezeichnet die Fähigkeit, Bewegungen der Körperteile unbewusst kontrollieren und steuern zu können, was wichtig für das Erlernen von Fahrrad fahren, Schreiben und anderen kontrollierten Bewegungen ist. Besonders Kinder mit AD(H)S profitieren von der Förderung der kinästhetischen Wahrnehmung. Grundsätzlich kann man die kinästhetische Wahrnehmung in vier Bereiche unterteilen:

Stellungssinn: Hierbei handelt es sich um die Stellung der Gelenke zueinander. Wir sind in der Lage, zu fühlen, in welcher Position sich unsere Arme und Beine befinden, ohne die Augen zu öffnen. Automatisierte Bewegungsabläufe sind damit auch mit geschlossenen Augen möglich.

Bewegungssinn: Dieser ermöglicht es den Kindern, sowohl die Geschwindigkeit als auch die exakte Position der Bewegung einzuordnen, und das, ohne auf weitere Sinne zurückgreifen zu müssen. Dieser Sinn wird zum Beispiel benötigt, wenn man einen Pfeil auf eine Zielscheibe wirft.

Kraftsinn: Neben der exakten Bewegung ist vor allem die Dosierung der eigenen Kraft für Kinder mit AD(H)S häufig eine große Herausforderung. Besonders beim Malen, Zeichnen und Schreiben zeigt sich, dass sie eher zu viel Kraft dafür einsetzen, als eigentlich nötig wäre.

Spannungssinn: Hier geht es um die Kontrolle über die Intensität der Spannung der eigenen Muskulatur. Diese ermöglicht es, sich entweder bewusst zu entspannen oder aber die Muskulatur so zu verhärten, dass ein auftreffender Schlag abgefangen werden kann.

Ein wichtiger Aspekt bei der Bewegungsschulung ist auch das Gleichgewicht. Schaffen Sie deshalb günstige Gelegenheiten für vielfältige Bewegungserfahrungen zum Gleichgewichtsgefühl und zur Förderung des Lage- und Bewegungsgefühls.

ÜBUNG

Mein Spiegelbild

Sie und Ihr Kind oder zwei Kinder stehen sich gegenüber. Ein Kind ist der Spiegel, der alle Bewegungen des zweiten Kindes zurückspiegelt. Es versucht dabei, identische oder ähnliche Bewegungen zu machen. Die Rollen können danach getauscht werden.

Kinder mit AD(H)S mögen aufregende und spannende Spiele. Dazu gehört auch das Klettern. Dieses Interesse können Sie nutzen und Ihr Kind schon in die Gestaltung der nächsten Übung einbeziehen.

ÜBUNG

Kletterparcours

Material:

- Stühle, Tische, Bänke
- verschiedene Pappkartons
- Kisten
- Seile und anderes mehr

Bauen Sie einen Parcours für Ihr Kind auf, welchen es durchlaufen soll. Ihr Kind kann beispielsweise über Bänke balancieren, unter Tischen hindurchkriechen oder von Stühlen herabspringen. Legen Sie einen bestimmten Weg fest, auf dem Ihrem Kind möglichst vielfältige Möglichkeiten zum Balancieren und Klettern angeboten werden. Der Parcours sollte natürlich altersentsprechend aufgebaut werden. Legen Sie ggf. Matten unter einzelne Hindernisse, sodass keine Verletzungen passieren können.

Mit der folgenden Übung fördern Sie die fließenden Bewegungen Ihres Kindes und beeinflussen damit seine Grobmotorik positiv.

ÜBUNG

Luftzeichner

Fordern Sie Ihr Kind auf, einfache Figuren mit den Händen oder mit den Füßen in die Luft zu malen. Sie müssen erraten, um welche Figur es sich handelt. Mit dieser Übung fördern Sie die Verbindung zwischen innerer Vorstellung und der Bewegungsausführung bei Ihrem Kind. Auch hier können Sie jederzeit die Rollen tauschen.

Spannungs-, Bewegungs- und Stellungssinn – das alles vereint die folgende und recht bekannte Übung. Durch den Einsatz der Lieblingsmusik Ihres Kindes macht dieses Spiel einfach viel Spaß.

ÜBUNG

Stopptanz

Machen Sie eine beliebte Musik an, und Ihr Kind darf nach Lust und Laune dazu tanzen. Sie stoppen die Musik, und Ihr Kind muss in dem Moment »einfrieren«. Das abrupte Stoppen fördert die kinästhetische Wahrnehmung Ihres Kindes. Die Position muss gehalten werden, bis Sie die Musik wieder anmachen und es weitertanzen kann.

Um verschiedene Spannungszustände zu spüren, können Sie folgende Übung durchführen. Sie regt außerdem dazu an, verschiedene Tempi in Kombination mit einer Körpererfahrung zu gestalten. Der Kreativität sind dabei keine Grenzen gesetzt …

ÜBUNG

Verschiedene Bewegungen ausführen

Ihr Kind bewegt sich tanzend durch den Raum. Nach Ihrer Ansage darf Ihr Kind nun die Bewegungen verändern. Dazu können Sie aus verschiedenen Bewegungsmustern wählen:

- *langsam wie eine Schnecke*
- *schnell wie ein Tiger*
- *schwer wie ein Elefant*
- *leicht wie eine Feder*
- *eckig wie ein Roboter*
- *zäh wie ein Kaugummi …*

Balancieren vereint viele Körpererfahrungen. Auch hiermit können Sie Stell-, Kraft- und Spannungssinn fördern. Insbesondere AD(H)S-Kinder profitieren von der nächsten Übung, da dazu auch eine gehörige Portion Konzentration gehört. Auch die Frustrationstoleranz ist gefordert, sollte es mit dem Balancieren eines Gegenstandes mal nicht so klappen.

ÜBUNG
Lastenträger*in

Material:

- Gegenstände zum Balancieren

Ihr Kind darf verschiedene Gegenstände auf dem Kopf balancieren. Nutzen Sie dazu Gegenstände wie zum Beispiel Schaumstoffwürfel, eine Plastikschüssel, ein Buch, einen Stift etc.
Den Schwierigkeitsgrad können Sie erhöhen, indem Sie Ihr Kind auffordern, sich hinzusetzen, aufzustehen oder vielleicht sogar eine kleine Hindernisstrecke abzulaufen.

Für Ihr experimentierfreudiges Kind ist die nächste Übung bestimmt spannend. Hier geht es um verschiedene Gewichte und damit um die Kraftnutzung. Das Material kann Ihr Kind prima selbst herstellen, und die Übung ist stets durch Hinzufügen weiterer Materialien erweiterbar.

ÜBUNG

Gewichte unterscheiden

Material:

- Dosen
- verschiedenes Füllmaterial

Füllen Sie verschiedene Materialien, wie zum Beispiel Watte, Zeitungspapier, Wolle, Sand, Steine, Federn etc., in undurchsichtige Dosen. Ihr Kind darf nun die Dosen nach ihrem Gewicht sortieren. Mit einer Waage können Sie anschließend gemeinsam feststellen, ob die Reihenfolge korrekt war.

Schaukeln fördert den Gleichgewichtssinn und ist damit gut für das gesamte Körpergefühl. Darüber hinaus ist die folgende Übung für Ihr bewegungsfreudiges Kind sehr sinnvoll, da Schaukeln auch eine beruhigende Wirkung hat, insbesondere dann, wenn Ihr Kind das Schaukeln ganz bewusst wahrnimmt. Die folgende Übung ist in erster Linie für kleinere Kinder geeignet.

ÜBUNG

Deckenschaukel

Material:

- Decke

Sie nehmen ein Ende einer Decke in jede Hand. Ihr Kind darf sich nun in die Decke legen. Zusammen schaukeln Sie die Decke mal etwas schneller, dann wieder langsamer. Ihr Kind darf Ihnen die Anweisungen geben, welches Tempo es gerade wünscht.

Neben all den Übungen und Spielen gibt es jede Menge Materialien, die Ihr Kind in seiner Bewegungsentwicklung fördern. Dazu gehören zum Beispiel:

- Hängematten
- Wackelbretter
- Stelzen
- Trampolin

Grob- und Feinmotorik

Die Grobmotorik umfasst große Bewegungsabläufe wie zum Beispiel Gehen, Laufen, Rennen oder Klettern. Hierbei kommen verschieden große Muskelgruppen zum Einsatz. Die Feinmotorik dagegen ist ein handmotorischer Prozess, für den man eine gute Geschicklichkeit benötigt. Die Feinmotorik ist dadurch eng verbunden mit der Schreibmotorik und wirkt sich unmittelbar auf die Handschrift aus. Mit folgenden Spielen und Aktivitäten können Sie die Grob- und Feinmotorik fördern.

Tätigkeiten, mit denen Sie die Grobmotorik fördern

- Malen auf großer Papierleinwand
- Fang- und Hüpfspiele
- Balancieren

- Treppen steigen
- Klettern
- Hampelmann
- Sportarten wie Schwimmen, Ballspielen
- Spiele mit Ball, Luftballon, Springseil

Tätigkeiten, mit denen Sie die Feinmotorik fördern

- Basteln und Ausschneiden
- Malen mit Stiften, Pinsel, Wachsmalkreiden oder Bodenkreide
- Fädeln mit Schnüren und Perlen
- Stapeln mit Bauklötzen
- Holzwackelturm
- Knete
- Papier falten (Origami)
- Mikado
- Webrahmen
- Fingerspiele
- Steckspiele und Puzzle

Konzentration

Kinder mit AD(H)S haben durch ihre Reizoffenheit häufig Schwierigkeiten, sich längerfristig zu konzentrieren. Ihnen dann zu raten, sich »doch einfach mal zu konzentrieren«, ist da eher kontraproduktiv. Umso wichtiger ist es also, Ihr Kind spielerisch zu motivieren. Noch besser ist es, wenn Ihr Kind nicht einmal merkt, dass Sie mit ihm Konzentrationsübungen machen.

Wenn Sie also mit Ihrem Kind an seiner Konzentrationsfähigkeit arbeiten wollen, ist es besonders wichtig, dass Sie Ihr Kind fordern, aber nicht *über*fordern. Hier brauchen Sie gutes Fingerspitzengefühl, und Sie sollten genau beobachten, wann Ihr Kind an seine Grenzen stößt. Besonders wichtig ist also, dass es – wie bei allen anderen Übungen – Spaß an der Sache hat.

Bevor Sie sich an die Konzentrationsübungen mit Ihrem Kind machen, zunächst die Frage: Wie lange sollte sich Ihr Kind eigentlich am Stück konzentrieren können? Erwachsene neigen manchmal dazu, Kindern eine zu lange Konzentrationsspanne abzuverlangen.

Hier haben Sie eine kleine Orientierung nach Alter:

Alter	**Konzentrationsspanne**
5 – 7 Jahre	ca. 15 min
7 – 10 Jahre	ca. 20 min
10 – 12 Jahre	ca. 20 bis 25 min
12 – 14 Jahre	30 min

Bei der Förderung der Konzentration sollten Sie darauf achten, dass Sie die Anforderungen an Ihr Kind langsam steigern. Erst wenn Sie merken, dass sich Ihr Kind für eine bestimmte Zeit gut konzentrieren kann, sollten Sie die Zeitspanne etwas erweitern. Hilfreich dafür ist der Einsatz von Sanduhren oder einer Eieruhr.

ÜBUNG

Das Merkvermögen steigern

Diese Übung geht über mehrere Tage. An Tag eins nennen Sie Ihrem Kind eine Frucht (oder ein Spielzeug, ein Tier, eine Zahl etc.) und fordern es dazu auf, sich die Frucht zu merken. Am nächsten Tag fragen Sie nach der genannten Frucht. Kann Ihr Kind diese ohne große Überlegungen nennen, fügen Sie eine neue Frucht hinzu. Am nächsten Tag fragen Sie nach beiden Früchten. Fügen Sie wieder eine hinzu, wenn Ihr Kind sich die Früchte gut merken konnte. Wiederholen Sie dieses Spiel über mehrere Tage. Natürlich ist diese Übung nicht endlos möglich, aber Sie können die Merkspanne Ihres Kindes damit deutlich trainieren.

Wenn Sie also feststellen, dass sich Ihr Kind die Früchte nicht mehr gut merken kann, pausieren Sie einige Tage und beginnen dann mit einem neuen Thema. Sie werden sehen, Ihr Kind wird sich von Mal zu Mal steigern.

Diese Übung wirkt sich damit auch positiv auf die Aufnahme von Arbeitsaufträgen aus. Zum Beispiel: »Holst du mir bitte Milch, zwei Eier, die Butter und den Joghurt aus dem Kühlschrank?« Ist die Merkspanne verkürzt, wird Ihnen Ihr Kind nur ein, zwei Produkte aus dem Kühlschrank bringen. Fördern Sie die Merkspanne, lernt Ihr Kind, auch mehrere Arbeitsaufträge auszuführen, was sich auch in der Schule positiv auswirken wird.

✔

Checkliste: Merktechniken für Ihr Kind

- [ ] Alle Sinne einschalten: Wenn ich mir eine Vokabel merken soll, tue ich das mit allen Sinnen (wie sieht es aus, fühlt es sich an, klingt es, schmeckt es?).
- [ ] Zeichnungen machen: Wenn ich mir Geschichten oder wichtige Dinge merken muss, mache ich mir dazu Zeichnungen oder Symbole, die mich an den Inhalt erinnern.
- [ ] Fantasie nutzen: Wenn ich mir die wichtigen Inhalte in meiner Fantasie ganz genau vorstelle, merke ich mir die Inhalte besser. Aber aufgepasst – es muss nicht immer realistisch sein, denn alles, was ungewöhnlich ist, bleibt besser im Gedächtnis haften.
- [ ] Geschichten-Trick: Wenn ich mir Dinge in einer bestimmten Reihenfolge merken muss, dann verbinde ich sie durch eine Geschichte.
- [ ] Einen Rundgang machen: Eine weitere Technik, wie ich mir Dinge in einer bestimmten Reihenfolge besser merken kann, ist, sie gedanklich auf dem Weg einer mir sehr bekannten Strecke abzulegen. Ich gehe dann wieder gedanklich den Weg entlang und kann mir so die Reihenfolge gut merken.
- [ ] Echo, Echo: Wenn ich Vokabeln lerne, sage ich sie mindestens dreimal laut hintereinander auf.
- [ ] Singen: Manchmal kann es gut helfen, sich die Dinge als Melodie oder im Rhythmus aufzusagen.
- [ ] In Schubladen denken: Wenn man sich Dinge merken soll, kann es helfen, wenn man Dinge, die zusammenpassen, in gemeinsame Schubladen steckt. Das gilt insbesondere für Oberbegriffe (z. B. Löwe und Zebra passen in die Schub-

lade Säugetiere, Möwe und Spatz in die Schublade Vögel etc., wenn es darum geht, sich die Tierarten zu merken).

Sie können Konzentrationsübungen prima mit Bewegungselementen kombinieren. Probieren Sie die nächste Übung zunächst selbst aus, Sie werden merken, wie knifflig sie ist. Mit der folgenden Konzentrationsübung trainieren Sie zusätzlich auch die Auge-Hand-Koordination.

ÜBUNG

Null bis acht schreiben

Stellen Sie sich ganz aufrecht hin. Mit der linken Hand zeichnen Sie dann eine große Null in die Luft und anschließend mit der rechten eine Acht. Wiederholen Sie diese Bewegungen ein paarmal. Dann heben Sie beide Arme und zeichnen die Zahlen gleichzeitig. Um die Schwierigkeit zu erhöhen, steigern Sie zunehmend die Geschwindigkeit.

Wenn Sie zwei Aufgaben kombinieren, müssen Sie sich gut konzentrieren, damit man nicht durcheinanderkommt. Zum Beispiel können Sie eine Bewegungsaufgabe wunderbar mit einer Denkaufgabe kombinieren. Mit der folgenden Übung fördern Sie die geteilte Aufmerksamkeit sehr gut.

ÜBUNG

Ball werfen und zählen

Material:

- Ball

Fordern Sie Ihr Kind auf, einen Ball zehn Mal an die Wand zu werfen und wieder zu fangen. Hat Ihr Kind dies geschafft, soll es den Ball neun Mal an die Wand werfen und jeweils einmal aufprallen lassen, in die Hände klatschen und den Ball wieder auffangen. Mit jeder neuen Runde wirft es den Ball einmal weniger und klatscht dabei immer einmal mehr: acht Mal werfen, zwei Mal klatschen, sieben Mal werfen, drei Mal klatschen und so weiter. Wenn der Ball herunterfällt, geht es wieder von vorn los.

Visuelle Wahrnehmung und Konzentration können auch gleichzeitig trainiert werden. Nutzen Sie dafür visuelle Reize, auf die sich Ihr Kind konzentrieren soll.

ÜBUNG

Buchstaben zählen

Material:

- Kinderbuch Ihrer Wahl

Nehmen Sie ein beliebtes Kinderbuch und fordern Sie Ihr Kind auf, alle Buchstaben auf einer Seite zu zählen. Sie können die Anforderungen auch variieren, zum Beispiel alle Wörter mit einem A zählen, dann mit einem K etc. Es können auch alle Ks oder As insgesamt auf der Seite gezählt werden. Hier können Sie verschiedene Varianten hintereinander durchspielen. Wenn Sie gleichzeitig mitspielen, können Sie einen Wettkampf daraus machen: Wer hat am Ende mehr Buchstaben gezählt?

Die Kombination mit auditiven Reizen ist auch sehr wirkungsvoll. Für diese Förderung der Konzentration eignet sich der berühmte Klassiker »Stille Post« sehr gut; er macht besonders viel Spaß, wenn mehrere Personen mitspielen.

ÜBUNG

Stille Post

Einer der Mitspielenden überlegt sich ein Wort und flüstert es seinem Nachbarn ins Ohr. Dieser flüstert es seinem anderen Nachbarn ins Ohr und so weiter, bis es beim letzten Mitspielenden angekommen ist. Dieser muss den Begriff dann laut sagen. Natürlich kann man dieses Spiel nur spielen, wenn man konzentriert bei der Sache ist. Das Ziel ist es, dass das richtige Wort am Ende der Kette auch ankommt.

Eine ganz tolle Verknüpfung von Konzentration und Graphomotorik ist das Ausmalen. Hier kann sich Ihr Kind kreativ und künstlerisch beschäftigen, und gleichzeitig lernt es, sich zu konzentrieren.

ÜBUNG
Mandalas

Material:

- Buntstifte und Papier

Verschiedene Muster, die sich in einem tellergroßen Kreis finden lassen, nennt man Mandalas. Diese können Sie als Malbuch kaufen, oder Ihr Kind kann diese selbst gestalten. Ziel ist es, diese Muster auszumalen. Diese Betätigung entspannt und entschleunigt und fördert dabei ganz nebenbei die Konzentration Ihres Kindes.

Wenn man etwas, was man gedanklich gut kennt, auf Papier bringen soll, dann ist dies eine große Herausforderung an die Konzentration. Mit der folgenden Übung fördern Sie genau diese Kompetenz bei Ihrem Kind.

ÜBUNG
Wegbeschreibung

Material:

- Stift und Papier

Wenn Ihr Kind bereits gut schreiben kann, ist die Aufgabe, dass es eine Wegbeschreibung von der Schule bis nach Hause aufschreibt. Der Weg soll so beschrieben sein, dass andere Menschen in der Lage wären, ihn zu finden.

Bei Kindern, die noch nicht so gut schreiben können, kann diese Konzentrationsübung als Zeichenaufgabe gestellt werden. Dabei soll Ihr Kind einen Plan erstellen, der wie eine Straßenkarte zu Ihnen nach Hause führt.

Kleine knifflige Aufgaben fördern Ihr Kind nicht nur, sondern fordern es auch gleichzeitig.

ÜBUNG

Kette aus Klammern

Material:

- zehn Büroklammern
- Tuch, Schal oder Augenbinde

Legen Sie Ihrem Kind zehn Büroklammern hin, und verbinden Sie ihm die Augen. Nun soll Ihr Kind – ohne es zu sehen – die Klammern zu einer Kette zusammenfügen. Besonders spannend wird diese Übung für Ihr Kind, wenn es dabei gegen Sie antreten darf. Wer zuerst fertig ist, ruft »Fertig« und gewinnt das Spiel.

Ihr Kind braucht Gesellschaft und genießt die gemeinsame Zeit mit Ihnen. Umso besser ist es, wenn Sie die gemeinsame Zeit zum Spielen nutzen.

Spielen Sie, so oft es geht, Gesellschaftsspiele mit Ihren Kindern. Denn im Zusammenspiel mit anderen wird die soziale Kompetenz Ihres Kindes gefördert. Genauso eignen sich auch Kartenspiele, Memory, Bingo, Suchbilder, Rätsel und Puzzle, um die Konzentrationsfähigkeit Ihres Kindes zu verbessern.

Entspannung

Gerade für Ihr bewegungsfreudiges Kind eignen sich Entspannungsübungen in Bewegung sehr gut, denn so ist Ihr Kind nicht dazu angehalten, still liegen zu bleiben und sich auf den Körper zu konzentrieren. Deshalb sind Methoden wie zum Beispiel das Autogene Training bei AD(H)S eher wenig ratsam. Aber auch, wenn Sie ein Träumerchen zu Hause haben, sollten Sie auf Entspannungstechniken mit Bewegungselementen zurückgreifen, denn rein kognitive Entspannungsmethoden führen Ihr Kind noch tiefer in die eigene Traumwelt, sodass es ihm schwerfallen wird, sich auf die Entspannung einzulassen.

Damit sich Ihr Kind gut auf die Entspannung einlassen kann, ist es von Vorteil, wenn es sich vorstellen kann, worum es sich bei einer Entspannung eigentlich handelt. Sie können Ihrem Kind die Wechselwirkung zwischen Anspannung und Entspannung an einem Gummiband verdeutlichen. Ein Gummiband kann mal ganz entspannt und locker sein, aber auch ganz gespannt und fest. Ihr Kind kann sich einfach vorstellen, aus Gummi zu sein. Es kann sich vorstellen, dass die Arme mal ganz lang und angespannt sind, und im nächsten Moment hängen oder liegen die Arme ganz schlaff und entspannt neben dem Körper. Das Gleiche kann man auch mit den Beinen ausprobieren.

Entspannend kann auch die Vorstellung einer Luftmatratze sein. Ihr Kind liegt dabei entspannt auf dem Boden und stellt sich vor, eine Luftmatratze zu sein, die langsam aufgepumpt wird. Mit jedem Atemzug wird die Matratze praller, und der Körper spannt sich mehr und mehr an. Irgendwann wird die Luft mit einem langen Atemzug aus der Matratze abgelassen. Gut geeignet für AD(H)S-Kinder sind auch Entspannungsmethoden aus dem Yoga und Tai-Chi sowie Übungen aus der progressiven Muskelentspannung (vgl. Seite 75). Auch geführte Traumreisen durch den Raum können sehr entspannend auf Ihr Kind wirken.

ÜBUNG

Entspannungsreise: Ein Ausflug auf den Spielplatz

»Heute gehen wir beide zum Spielplatz. Lass uns loslaufen!«
Sie laufen beide auf der Stelle oder durch den Raum.

»Wir müssen ein kleines Stückchen laufen. Schau dich mal um, wie schön die Landschaft hier ist. Die Sonne scheint, und uns ist ganz angenehm warm. Lass uns die frische Luft ein paar Mal tief einatmen!«
Sie holen gemeinsam ein paar Mal tief Luft: durch die Nase einatmen und durch den Mund wieder ausatmen.

»Bald sind wird da – ich kann den Spielplatz schon sehen. Komm, lass uns den Rest rennen! Wer als Erster da ist, hat gewonnen!«
Sie rennen nun beide ganz schnell auf der Stelle oder durch den Raum. Irgendwann stoppen Sie.

»So, endlich sind wir da. Wie wäre es, wenn wir als Erstes auf die Wippe gehen? Los geht's!«
Sie machen ein paar tiefe Kniebeugen und springen aus der Hocke in die Luft. Dabei spannen Sie die Beine kräftig an.

»Das hat Spaß gemacht! Was wollen wir als Nächstes tun? Wie wäre es mit Schaukeln?«
Sie setzen sich auf den Boden, winkeln die Knie an und umfassen sie. In dieser Position können Sie nun auf dem Boden schaukeln.

»Ich glaube, nun möchte ich ein bisschen klettern. Dafür müssen wir aber zuerst unsere Arme aufwärmen und kräftigen.«
Sie spannen die Arme stark an oder machen einige Liegestütze auf dem Boden oder gegen die Wand.

»Super, nun können wir klettern!«
Sie simulieren das Klettern an einem Klettergerüst. Dabei strecken Sie den ganzen Körper und dehnen besonders Arme, Beine und Rücken.

»Puuh, nun muss ich mal ein bisschen Pause machen. Legst du dich für einen Moment mit mir in den Sand?«
Sie legen sich nebeneinander auf den Boden.

»Die Sonne scheint so schön. Mach mal ein bisschen die Augen zu. Spürst du die Wärme auf der Haut? Und fühl mal deine Arme und Beine. Sind sie durch das Wippen, Schaukeln und Klettern auch so schwer geworden? Fühl mal ganz genau. Was spürst du? Lass uns mal einen Moment so liegen bleiben …«
Sie ruhen einige Momente aus.

»So, nun wird es Zeit, wieder aufzubrechen. Recke und Strecke dich mal ordentlich, und dann stehen wir langsam auf und gehen wieder los. Oh, da haben wir aber ordentlich Sand an unserer Kleidung! Lass uns das erst noch abklopfen.«
Sie klopfen und streichen über Ihren Körper, als würden Sie sich vom Sand befreien wollen.

»Dann gehen wir wieder nach Hause ...«

Solche Entspannungsreisen können Sie ganz individuell gestalten und erzählen. Achten Sie dabei immer darauf, dass Sie möglichst Wärmeempfindungen (z. B. durch die Sonne) einbauen sowie Kraftübungen und Ruhemomente, in denen Sie in die Körperteile spüren lassen, die Sie zuvor angespannt haben. Damit nutzen Sie die Elemente der progressiven Muskelentspannung.

Sehr wirkungsvoll zur Entspannung und gleichzeitig fördernd für die Körperwahrnehmung sind Rückenmassagen. Damit diese für Ihr AD(H)S-Kind nicht zu langweilig werden, können Sie diese in eine kleine Geschichte verpacken:

ÜBUNG

Pizza backen

Ihr Kind liegt auf einer Decke oder einer Matte auf dem Bauch. Während Sie Ihrem Kind eine wohltuende und entspannende Rückenmassage gönnen, erzählen Sie, wie man beim Pizzabacken vorgeht:

»Zuerst müssen wir alle Zutaten für den Teig gut miteinander verkneten.« *Sie kneten den Rücken mit beiden Händen.*

»Der Teig ist noch etwas zu fest, da müssen wir noch ein wenig Wasser hinzufügen.« *Sie klopfen mit den Fingerspitzen leicht auf den Rücken.*

»Nun müssen wir das Wasser wieder einkneten.« *Sie kneten erneut den Rücken.*

»Jetzt können wir den Teig ausrollen.« *Mit dem Unterarm rollen Sie vorsichtig über den Rücken Ihres Kindes.*

»Der Teig ist etwas klebrig, da muss noch etwas Mehl drauf.« *Sie klopfen leicht mit der Faust auf den Rücken.*

»Jetzt können wir den Teig auf dem Blech verteilen.« *Mit den Fingerspitzen führen Sie sanfte Streichbewegungen bis in den Nacken- und Schulterbereich.*

»Als Nächstes verteilen wir die Sauce.« *Mit der flachen Hand streichen Sie über den gesamten Rücken Ihres Kindes.*

»Nun können wir belegen, zuerst die Salami.« *Sie drücken mit der flachen Hand über den gesamten Rücken, als würden Sie Salamischeiben verteilen.*

»Pilze dürfen nicht fehlen.« *Sie drücken mit dem Daumen sanft auf verschiedene Stellen des Rückens.*

»Käse darf natürlich nicht fehlen.« *Sie führen mit den Fingerspitzen schnelle, leicht klopfende Bewegungen aus.*

»Zum Schluss verteilen wir Öl über die gesamte Pizza.« *Sie streichen mit den flachen Händen über den gesamten Körper.*

Mit Psychomotorik die Entwicklung fördern

Der Begriff Psychomotorik deutet auf den untrennbaren Zusammenhang von emotionalem Erleben, Wahrnehmen und Motorik hin. In meiner Praxis konnte ich häufig die Erfahrung machen, dass Kinder mit AD(H)S sehr gut von psychomotorischen Übungen profitieren. Der Wortteil »Psycho-« umschreibt die Emotionalität und die Sinneswahrnehmung, während »-motorik« alle bewegenden Elemente meint. Bewegung und Sinneserfahrung sind Motoren der kindlichen Persönlichkeitsentwicklung, und auch Erwachsene können von diesen Erfahrungen profitieren. Vielfältige Bewegung und Phasen der Entspannung stehen in einem engen Zusammenhang mit emotionalen, sozialen und kognitiven Lernprozessen. Neben dem sogenannten Körperschema entwickelt sich auch die Ich-Identität. Der Mensch erlebt in und mit seinem Körper, er erfährt sich und die Welt über seinen Körper und wird auch durch seinen Körper in der Welt tätig.

Die Psychomotorik zielt darauf ab, die gestörten Funktionen im Bereich der Motorik (Fein-, Grobmotorik, Gleichgewicht etc.) zu verbessern, um dadurch angemessene Leistungs-, Bewegungs- und sozial-emotionale Erfahrungen zu ermöglichen, was in der ganzheitlichen Förderung sehr wichtig ist. Dabei wird die individuelle Persönlichkeitsentwicklung unterstützt, der Spaß an der Bewegung geweckt sowie die Körperwahrnehmung gefördert. Es wird also ein

Raum für fantasievolles Spiel, Bewegung und soziales Handeln geschaffen, was wunderbar an die Ressourcen eines AD(H)S-Kindes anknüpft. Durch den Einsatz von Alltagsmaterialien, wie zum Beispiel Steinen, Federn, Zeitungen und vielem mehr, werden die Kreativität und die Wahrnehmung geschult, indem mit diesen Materialien gebaut, geforscht und ertastet wird. Viele AD(H)S-Kinder haben großes Interesse an dieser Art von Beschäftigung, da sie sich gern mit kniffligen Aufgaben auseinandersetzen. Daher können sie sich auch sehr lange mit den Materialien beschäftigen und zeigen eine große Ausdauer. Psychomotorische Übungen werden in ganz vielfältigen Bereichen, wie zum Beispiel in Psychiatrien, Kinder- und Jugendberatungsstellen, in Schulen oder in der Persönlichkeitsarbeit mit Erwachsenen eingesetzt.

Der psychomotorische Ansatz kann sowohl in der Therapie als auch in der Pädagogik mit AD(H)S-Kindern verwendet werden. Durch spezielle Übungen wird die Grobmotorik verbessert, was bei von AD(H)S betroffenen Kindern mit unharmonischen und ungeschickten Bewegungen förderlich ist. Die Feinmotorik wird verbessert, sodass Aufgaben wie Basteln besser bewältigt werden können. Dabei wird auch an der Graphomotorik gearbeitet, um Schwierigkeiten beim Schreiben auszugleichen. Gleichzeitig kommt es zur Verbesserung der Konzentration und der Wahrnehmung.

Ein wichtiger Aspekt ist auch das Sozialverhalten. Die Kinder lernen die gegenseitige Rücksichtnahme sowie Teamfähigkeit und den richtigen Umgang in Gruppen. Ziel der psychomotorischen Arbeit ist es, die Persönlichkeit durch Bewegungshandeln zu fördern. Als Richtziel gilt die Kompetenzerweiterung des Kindes, sodass es sich mit sich selbst und seiner personellen und materiellen Umwelt besser auseinandersetzen kann.

In der Psychomotorik werden vor allem drei Kompetenzbereiche gefördert:

Die Ich-Kompetenz,
um sich selbst besser zu verstehen, wahrzunehmen, zu erleben und mit sich selbst besser umzugehen und zufrieden zu sein.

Die Sachkompetenz
bezieht die materielle Umwelt ein und fördert die Möglichkeit, diese besser wahrzunehmen und in und mit ihr umzugehen.

Die Sozialkompetenz,
die ermöglicht zu erkennen, dass alle Lernprozesse im direkten Kontakt zwischen den eigenen und den Bedürfnissen anderer bestehen.

Die Erfahrungen in diesen drei Bereichen – dem Körper, dem Material und dem Sozialverhalten – sind die inhaltlichen Lernfelder in der psychomotorischen Arbeit mit AD(H)S-Kindern. Damit sind gleichzeitig auch drei wichtige Lernfelder eines von AD(H)S betroffenen Kindes abgedeckt: Sie erfahren im Rahmen der Förderung ihrer Selbstkompetenz nicht nur ihre eigenen Stärken, sondern durch die Förderung der Sozialkompetenz auch ihre positive Wirkung auf ihre Mitmenschen. Die Sachkompetenz in Form der materiellen Umwelt unterstutzt Ihr Kind dabei, sich achtsam mit seiner Umwelt auseinanderzusetzen. Gleichzeitig können viele AD(H)S-Kinder den in der Psychomotorik gebräuchlichen Einsatz von Alltagsmaterialien sehr gut umsetzen, da sie durch ihre grenzenlose Fantasie für jeden noch so kleinen Gegenstand einen Nutzen finden. Da werden Korken zu Tieren, Federn zu Bäumen, oder sie erfinden mithilfe unterschiedlicher Materialien ganz neue Gegenstände.

Psychomotorische Übungen für zu Hause

Psychomotorik wird häufig in Form von Kursen in Kleingruppen angeboten. Manchmal sind dies homogene Gruppen, das heißt, alle Kinder dieser Gruppe kommen aus der gleichen Altersklasse und weisen ein ähnliches Symptom auf – zum Beispiel AD(H)S. Es gibt aber auch heterogene Gruppen, die altersgemischt sind und unterschiedliche Bedürfnisse abdecken sollen.

Psychomotorische Übungen können Sie aber auch wunderbar zu Hause machen. Klassisch dafür ist der Einsatz von alltäglichen Materialien oder der Einbezug der Umgebung. Für die folgende Orientierungsübung können Sie sehr gut das häusliche Wohnzimmer nutzen. Da Kinder mit AD(H)S häufig Schwierigkeiten in der Orientierung haben, fördern Sie dies auf spielerische Art und Weise, zum Beispiel mit der folgenden Übung:

ÜBUNG

Orientierung im Raum

Laufen Sie einige Minuten mit Ihrem Kind durch den Raum. Fordern Sie Ihr Kind auf, sich alles ganz in Ruhe anzusehen. Anschließend setzt sich Ihr Kind in die Mitte des Raumes und schließt die Augen. Nun nennen Sie einen Gegenstand aus dem Raum und Ihr Kind soll mit geschlossenen Augen auf diesen Gegenstand zeigen. Während Ihr Kind mit dem Finger auf den benannten Gegenstand zeigt, darf es die Augen öffnen und gemeinsam mit Ihnen überprüfen, wie sicher es den Gegenstand zeigen konnte. Mit dieser Übung lernt Ihr Kind, sich gut im Raum zu orientieren.

Auch das Reaktionsvermögen können Sie durch psychomotorische Übungen fördern. Hierbei eignet sich wieder ein Raum im Haus, in dem sich Ihr Kind möglichst störungsfrei bewegen kann.

ÜBUNG

Reaktionsvermögen

Sie laufen wieder mit Ihrem Kind durch den Raum. Dieses Mal ist die Aufgabe, möglichst schnell auf Ihre Ansage zu reagieren. Sie rufen beispielsweise »Linker Fuß auf etwas Weiches!«, und Ihr Kind muss sich schnell etwas Weiches im Raum suchen, beispielsweise das Sofa, den Teppich, ein Kissen etc., und den linken Fuß darauf abstellen. Andere Beispiele wären »Die Nase auf etwas Glattes«, »Die rechte Hand unter einen Stuhl«, »Das rechte Knie auf etwas Rotes« etc. Sie können auch gern die Rollen tauschen, und Ihr Kind darf die Ansagen machen, die Sie dann möglichst schnell ausführen müssen.

In der Psychomotorik wird oft mit Materialien gearbeitet, die Sie sicher auch zu Hause haben. Für die motorische Förderung Ihres Kindes gibt es eine ganze Reihe von Übungen, die Sie damit schnell umsetzen können.

ÜBUNG

Zeitungen

Material:

- Zeitung

Ihr Kind – und am besten auch Sie – steht mit beiden Füßen auf einem Zeitungsblatt. Es nimmt nun die Zeitung und faltet das Papier in der Hälfte. Dies wird so oft wiederholt, bis die Zeitung so klein gefaltet ist, dass Ihr Kind nur noch mit einem Fuß darauf balancieren kann. Wer schafft es, das Blatt häufiger zu falten?

Mithilfe von zwei Zeitungsblättern können Sie und Ihr Kind von einer Seite auf die andere Seite des Raumes gelangen. Sie stellen sich jeweilig auf ein Zeitungsblatt und legen dann das zweite, welches Sie in der Hand halten, vor sich auf den Boden.
Nun steigen Sie mit beiden Füßen auf das Papier, das vor Ihnen liegt. Das hinter Ihnen liegende Blatt können Sie aufheben und wiederum vor sich ablegen. Über diesen Weg können Sie beide von einer Seite auf die andere kommen. Wer schafft es schneller?

ÜBUNG

Wäscheklammern

Material:

- Seil
- Wäscheklammern
- Korb
- Stofftaschentuch

Ein Seil, an dem Wäscheklammern befestigt sind, wird durch den Raum gespannt (ca. 20 cm über dem Boden). Ihr Kind robbt nun auf dem Bauch zu dem Seil hin, schnappt sich die Klammern mit dem Mund und bringt sie einzeln in einen Korb auf der anderen Seite des Zimmers.
An einem kleinen Stückchen Stoff, beispielsweise ein Stofftaschentuch, sollen so viele Wäscheklammern wie möglich angebracht werden, ohne dass diese abfallen.

ÜBUNG

Pappdeckel

Material:

- einige Pappdeckel

Ihr Kind darf die Pappdeckel auf verschiedenen Körperteilen balancieren. Eine Spielidee dazu wäre der Packesel: Ihr Kind bekommt so viele Pappdeckel wie möglich auf den Rücken gelegt und muss damit dann eine bestimmte Strecke zurück-

legen. Können Sie genau so viele Pappdeckel schaffen wie Ihr Kind?
Mit auf dem Boden verteilten Pappdeckeln kann man ebenso eine gute Strecke gehen, nur dass hier die Anforderung durch die kleinen Pappdeckel größer ist. Verteilen Sie dafür eine Reihe dieser Deckel im Raum. Ihr Kind soll diese ablaufen, ohne den Boden dabei zu berühren.

Die Eltern-Kind-Bindung stärken

Für die gesunde Entwicklung des Kindes ist eine gute Bindung zu seinen Bezugspersonen unabdingbar.

Die derzeit verbreitetste Bindungstheorie stammt von John Bowlby, einem englischen Kinderpsychiater und Psychoanalytiker, der in den 1950er-Jahren eine Theorie begründete, die auf einem biologisch angelegten Bindungssystem beruht. Danach hat ein Säugling das angeborene Bedürfnis nach Nähe, Zuwendung und den Schutz durch eine vertraute Person. Um diese Nähe herzustellen, macht er von Anfang an auf sich aufmerksam, wenn er versorgt werden will. Der Säugling sichert sich damit im ersten Lebensjahr die Nähe seiner Bezugsperson und baut damit ein interaktives Bindungssystem auf. Er erlebt die Bindung durch Fürsorge in Form von Körperkontakt, Pflegeabläufe und Streicheleinheiten sowie durch das Getragen-, Gehalten- und Getröstetwerden. Das sogenannte Bindungsverhalten zeigt sich im Suchen der Bindungsperson, im Weinen, Nachlaufen und an ihr Festklammern. Es ist überaus wichtig, dass die Bindungsperson das Kind in Situationen von Bedrohung schützt und ihm emotionale und reale Sicherheit gibt.

Werden Kinder verlässlich umsorgt, erlangen sie eine gute soziale Kompetenz, zeigen eine adäquate Stressresistenz und neigen weniger zu psychischen Erkrankungen. Wichtige Aspekte beim Aufbau einer guten Bindung sind in erster Linie Berührungen, Bewegung und Sprache. Der direkte Körperkontakt bereits in den ersten Wochen nach der Geburt vermittelt Ihrem Kind Sicherheit und Geborgenheit. Die liebevolle Berührung oder das Halten Ihres Kindes ist ganz essenziell für sein Gefühl von Sicherheit und Wohlbefinden. Auch die Kommunikation ist grundlegend wichtig. Miteinander zu reden bedeutet gegenseitige Wahrnehmung, Interaktion und Anregung. Seien Sie im Kontakt zu Ihrem Kind emotional und gedanklich immer dabei. Vermeiden Sie, im Gespräch mit Ihrem Kind mit dem Smartphone zu hantieren, denn Sie sind dann nicht voll und ganz für Ihr Kind verfügbar. Das gilt auch in der Hausaufgabensituation: Zum effektiven gemeinsamen Lernen braucht Ihr Kind die persönliche Beziehung zu Ihnen. Und auch das Geschichtenvorlesen und Erzählen hilft Ihrem Kind nicht nur, Ruhe zu finden und sich zu konzentrieren, sondern stärkt auch die gemeinsame Bindung zueinander. Versuchen Sie, stets im Blick- oder Körperkontakt mit Ihrem Kind zu sein, wenn Sie mit ihm kommunizieren, denn so können Sie sich rückversichern, ob Ihr Kind ebenfalls emotional und gedanklich bei der Sache ist.

So stärken Sie die Bindung zu Ihrem Kind

- Schenken Sie Ihrem Kind Aufmerksamkeit, wenn es etwas erzählen möchte. Lassen Sie sich nicht von Ihrem Handy ablenken.
- Umarmen Sie Ihr Kind einfach mal so zwischendurch, wenn es das zulässt.

- Formulieren Sie alltägliche Aufforderungen und Aufgaben spielerisch, ohne Druck.
- Schenken Sie jedem Ihrer Kinder eine Extra-Zeit.
- Leben Sie im Moment – mit Ihrem Kind.
- Schauen Sie Ihrem Kind beim Gespräch offen in die Augen.
- Gehen Sie auf seine Fürsorge- und Bindungsbedürfnisse ein.
- Wenn Ihr Kind weint, reagieren Sie sofort tröstend, und seien Sie geduldig.
- Unterstützen Sie die natürliche Neugier des Kindes.
- Nehmen Sie die Bedürfnisse Ihres Kindes ernst.

Auch an dieser Stelle sei noch einmal betont, wie wichtig Ihre Einstellung zu Ihrem Kind ist! Rücken Sie die Stärken und positiven Eigenschaften Ihres Kindes in den Vordergrund und vermeiden Sie eine defizitorientierte Haltung.

Die Geschwisterbindung stärken

Immer wenn die Mutter mal gerade anderweitig beschäftigt ist und Fabian, 12 Jahre, nicht mit ihr sprechen kann, sucht er sich eine andere Beschäftigung. Zum Beispiel ärgert er seine Schwester, nimmt ihr etwas weg oder streitet mit ihr. Das Ergebnis: Seine Schwester schreit und wehrt sich, indem sie ihren Bruder schlägt. Fabian schimpft zurück und lacht sie aus. Dann muss Fabians Mutter alles stehen und liegen lassen, um eine weitere Eskalation zu vermeiden. Fabians Reaktion: Er ist das Opfer, er wurde von seiner Schwester geschlagen und hat nun Schmerzen. Für alle drei ist die Situation natürlich belastend. Es ist schwer, in solchen Situationen beiden Kindern gleichermaßen gerecht zu werden. Umso wichtiger ist es, die Geschwisterbindung von Fabian und seiner Schwester zu stärken.

Geschwister lieben sich, und Geschwister streiten sich. Das ist völlig normal. Dabei ist es zunächst auch egal, welche Kombination Sie zu Hause haben: AD(H)Sler*innen und Nicht-AD(H)Sler*innen oder vielleicht auch mehrere AD(H)S-Kinder. In erster Linie ist es wichtig, dass Sie jedes Kind gleich behandeln. Natürlich ist das im Alltag nicht leicht, wenn ein Kind ständig mehr Aufmerksamkeit von Ihnen verlangt als das andere. Aber gerade dann ist es wichtig, dass Sie sich bewusst machen, dass kein Kind zu kurz kommen darf.

Um den Alltag gut bewältigen zu können, geben Sie Ihren Kindern Ideen zur konstruktiven Konfliktlösung. Sicherlich erwischen Sie Ihre Kinder ab und an in handgreiflichen Auseinandersetzungen und ermahnen sie dazu, die Streitigkeiten mit Worten statt mit körperlicher Gewalt zu lösen. Doch bedenken Sie dabei, dass Kinder, besonders jüngere Kinder, noch nicht über die Fähigkeit verfügen, ihre Emotionen und ihre Wut mit Worten auszudrücken. Das müssen sie lernen, und das tun sie am besten, wenn Sie ihnen in Konfliktsituationen konkrete Handlungsalternativen zeigen. Nehmen wir noch ein Beispiel:

Der elfjährige Manuel, ein Junge mit AD(H)S, spielt mit seinen Autos, und seine neunjährige Schwester Jule möchte unbedingt mitspielen, was ihr Bruder aber nicht will. Als sie merkt, dass er sie einfach ignoriert, beginnt Jule, seine Autos durcheinanderzuwerfen und ihm wegzunehmen, um die Aufmerksamkeit ihres Bruders zu erlangen. Manuel wehrt sich, indem er seine kleine Schwester boxt. Also beginnt Jule zu weinen und zu schreien. Manuel selbst hält seine Strategie, seine Schwester zu ignorieren, für völlig in Ordnung und versteht nicht, warum sie ihn dann – wie er findet – weiter provoziert. Wenn er in sein Spiel vertieft ist, fällt es ihm schwer einzusehen, dass seine Schwester einfach nur den Kontakt zu ihm sucht und mit ihm Zeit verbringen möchte. Seine Kräfte hat er dann nicht wirklich im

Griff, und er reagiert impulsiv. Anstatt zu sagen, was er möchte, wird er schnell handgreiflich und kann innerhalb kürzester Zeit ziemlich wütend werden. Wenn seine Mutter dann dazukommt, bekommt er den Ärger, da er seiner Schwester womöglich wehgetan hat.

Anstatt mit ihm zu schimpfen, könnten seine Eltern folgende Strategie verfolgen:

Bestätigung der Emotionen in der Situation
»Manuel, deine Schwester wollte mit dir spielen, und du hattest keine Lust dazu, das ist in Ordnung. Da du sie ignoriert hast, hat sie versucht, auf sich aufmerksam zu machen. Dann hast du begonnen sie zu boxen.«

Grenzen aufzeigen
»Geboxt zu werden tut weh, und wir wollen einander nicht wehtun.«

Alternativen erklären
»Sag deiner Schwester: ›Ich möchte jetzt mit meinen Autos alleine spielen. Später können wir gern gemeinsam spielen.‹«

Wenn die Eltern hier eines der Kinder direkt verteidigen oder angreifen, schüren sie die Geschwisterrivalität nur noch mehr. Die Spannungen werden größer und es könnte bei einem der Kinder das Gefühl entstehen, dass ihre Eltern das andere Geschwisterkind mehr lieben. Erklären Sie Ihrem Kind, wie es seine eigenen Bedürfnisse erkennt, und unterstützen Sie es dabei, seine persönlichen Grenzen aufzuzeigen und adäquat zu kommunizieren.

Ein weiterer wichtiger Punkt ist, dass Sie niemals die Geschwisterkinder miteinander vergleichen sollten, insbesondere dann nicht, wenn Sie Kinder mit und ohne AD(H)S haben. Auch wenn Sie es gar nicht beabsichtigen, würden Sie Ihren Kindern unterschwellig suggerieren, dass sie sich wie ihr Geschwisterkind verhalten sollen.

Versuchen Sie also, Sätze wie diese hier zu vermeiden:

»Kannst du nicht so ordentlich essen wie dein Bruder?«
»Deine Schwester konnte in deinem Alter schon lange Fahrrad fahren.«
»Dein Bruder hat in Biologie eine Zwei und du eine Vier!«

Ihre Absicht dahinter ist gar nicht böse, und vielleicht wollen Sie Ihr Kind auch nur motivieren. Was aber bei Ihrem Kind ankommt, ist das Gefühl, schlechter, ungeschickter, langsamer oder ungenügend zu sein. Vermeiden Sie also jegliche Art von Vergleichen.

Um gar nicht erst eine feindliche Stimmung aufkommen zu lassen, schaffen Sie eine positive und wertschätzende Atmosphäre für jeden. Gehen Sie dabei mit gutem Beispiel voran, und notieren Sie sich täglich positive Momente, in denen sich Ihre Kinder besonders gut verhalten haben. Das muss sich nicht zwingend auf die Geschwisterbeziehung beschränken, sondern kann sich auf die gesamte Familie beziehen. Achten Sie dabei darauf, dass auch hier wieder kein Kind in den Vordergrund gerückt wird und kein Kind zu kurz kommt. Machen Sie es zum Ritual, diese positiven Momente während einer gemeinsamen Familienzeit vorzulesen. Sie werden sehen, dass sich diese freundliche Haltung auf das gemeinsame Familienleben ausweiten wird, und es entsteht eine Natürlichkeit darin, sich gegenseitig wohlgesonnen gegenüberzutreten.

Lob und Anerkennung können auch in der Geschwisterbindung förderlich sein. Loben Sie Ihr Kind, wenn es sich für das Geschwisterkind eingesetzt hat, und zeigen Sie Anerkennung für gute Taten. Damit fördern Sie das Gefühl, als Geschwister ein Team zu sein.

Nicht zuletzt sollten Sie darauf achten, dass jedes Kind seinen Freiraum hat. Wenn sich Geschwister ein Zimmer teilen, sollte es für jeden einen Rückzugsort geben, sodass sich jeder eine Auszeit nehmen kann. Andere Bereiche dürfen dann wieder geteilt werden, und es wird für Ihre Kinder zur Routine, dass es verschiedene Räume/Bereiche für gemeinsame oder eben eigene Aktivitäten gibt.

Wenn's mal kracht: Akute Konflikte behutsam lösen

Silke, 13 Jahre, ist ständig in Bewegung. Wenn sie etwas erzählen möchte, dann spricht ihr gesamter Körper. Sie spielt unheimlich gerne mit der Familie an der Spielekonsole, aber wenn sie spielt, zuckt alles in ihr. Sie steigert sich immer mehr ins Spiel hinein und wird dann aggressiv und verbal ausfallend. Da fallen dann auch irgendwann die ganz schlimmen Wörter.

Kinder mit AD(H)S haben einen großen Ehrgeiz, Spiele zu gewinnen. Insbesondere, wenn sie sich in ein Spiel hineingesteigert haben, ist die Frustrationstoleranz sehr gering, wenn es ums Verlieren geht. Silke aus unserem Beispiel wird dann nicht nur körperlich aggressiv, sondern auch verbal. Die erste und natürliche Reaktion ihrer Eltern ist dann zu schimpfen. Aber diese Reaktion ist nicht konstruktiv.

Der konstruktive Umgang mit Aggression

Versuchen Sie, gelassen zu bleiben und die Wut Ihres Kindes zu verstehen!
Aggressionen und Wut sind legitime Gefühle. Kinder und Jugendliche erleben in vielen Lebenssituationen Frustrationen
Zeigen Sie durch Ihre Körperhaltung, Stimme und Reaktion: »Egal, warum du wütend bist, ich bin für dich da!«
Schauen Sie Ihrem Kind ruhig in die Augen und sprechen Sie mit ihm. »Du bist gerade sehr wütend. Kannst du mir sagen, warum dich die Situation so wütend macht?«
Versuchen Sie also nicht, Wut und Aggressionen als unerwünschte Gefühle darzustellen, sondern suchen Sie nach konstruktiven Lösungen. Üben Sie mit Ihrem Kind, dass es die Wut im geschützten Rahmen rauslassen darf. Das können Schlagen ins Sofakissen, die Anschaffung eines Boxsackes oder die Möglichkeit, einmal ganz laut zu schreien, sein. Suchen Sie auch nach Möglichkeiten, die Ihr Kind in der Öffentlichkeit ausüben kann: Leise bis zehn zählen oder tiefe Atemzüge können Ihrem Kind helfen, mit der Wut umzugehen.

Der Umgang mit Schimpfwörtern

Durch ihre Impulsivität neigen einige Kinder mit AD(H)S dazu, unschöne Kraftausdrücke zu nutzen und unreflektiert anzuwenden. Bei verbalen Ausbrüchen sollten Sie abschätzen, bei welchen Wörtern Sie reagieren und bei welchen nicht. Viele Schimpfwörter benutzt ein Kind, ohne zu wissen, was eigentlich dahintersteckt. Bei eher harmlosen Schimpfwörtern ist eine Reaktion oftmals nicht notwendig, denn so verliert der Kraftausdruck irgendwann seine Bedeutung. Bei Schimpfwörtern, die beleidigend oder »unterste Schublade« sind, sollten Sie Ihrem Kind in Ruhe erklären, warum Sie derartige Wörter nicht hören wollen. Erklären Sie ihre Bedeutung und dass Menschen mit solchen Kraftausdrücken beleidigt und gedemütigt werden. Als Alternative können Sie gemeinsam witzige eigene Wörter erfinden, die Ihr Kind benutzen darf, wenn es ganz besonders wütend ist.

Die Kräfte richtig einschätzen

AD(H)S-Kinder sind temperamentvolle Menschen und können im Streit die eigenen Kräfte manchmal nicht richtig einschätzen. Wenn Ihr Kind handgreiflich wird und sich oder andere verletzt, nehmen Sie eine klare Haltung ein, dass dieses Verhalten nicht gewünscht ist. Durch eine aufrechte Körperhaltung, eine feste und klare Stimme sowie Augenkontakt erklären Sie ruhig und bestimmt, dass Sie Handgreiflichkeiten nicht tolerieren. Bedenken Sie dabei aber immer: Ein Kind schlägt meist dann, wenn es sich verbal nicht wehren oder wenn es seine Emotionen verbal nicht zum Ausdruck bringen kann. Regen Sie den Perspektivwechsel an, indem Sie Ihrem Kind erklären, dass es selbst ja auch nicht geschlagen werden möchte. Bleiben Sie auch jetzt ruhig, denn damit geben Sie Ihrem Kind das Gefühl von Schutz und Zuverlässigkeit, auch wenn es mal nicht so reagiert, wie Sie es sich wünschen. So hat Ihr Kind das entsprechende Vertrauen und die Bereitschaft, Regeln von Ihnen anzunehmen. Sind die Handgreiflichkeiten gegen Sie gerichtet, nehmen Sie es nicht persönlich – wie gesagt, Ihr Kind weiß sich in der Situation nicht anders zu helfen. Bleiben Sie besonnen, beruhigen Sie Ihr Kind, zeigen Sie Verständnis, erklären Sie, warum es nicht schlagen soll, und nehmen Sie Ihr Kind in den Arm, sofern es das in diesem Moment zulassen kann. Gehen Sie gemeinsam auf die Suche nach der Ursache, warum es zur Auseinandersetzung gekommen ist.

Vermeiden Sie Vorwürfe

Ganz wichtig: Vermeiden Sie, dass Ihr Kind Schuldgefühle entwickelt. Es entwickelt gerade erst die Kompetenz, mit Emotionen konstruktiv umzugehen.

Seien Sie nicht nachtragend

Wenn eine Situation geklärt ist, ist sie auch geklärt. Es macht keinen Sinn, über vergangene Konflikte noch weitere Worte zu verlieren.

Perspektivwechsel

Es ist immer gut, Ihr Kind dazu anzuregen, die Perspektive zu wechseln und sich in seine Mitmenschen hineinzuversetzen. Gleichzeitig sollten auch Sie sich in Ihr Kind hineindenken. Auf kindlicher Ebene können Situationen manchmal ganz anders aussehen als in der Erwachsenenwelt.

Vergessen Sie auch bei Konflikten nicht, stolz auf Ihr Kind zu sein. Holen Sie tief Luft, nehmen Sie sich einen ruhigen Moment und fragen Sie sich: Wann waren Sie zuletzt ganz besonders stolz auf Ihr Kind?

Wann waren Sie besonders stolz auf Ihr Kind?

Er hat einen Mathematik- und einen MINT-Wettbewerb gewonnen. Und auch der Abschlussball von der Tanzschule war richtig gut. *Sonia, Mutter von Dennis, 12, ADS*

Beim Tennisturnier hatte er einen Gegner, gegen den er keine Chance hatte (er war viel größer, stärker, erfahrener). Mein Sohn hat trotzdem weitergespielt und nicht aufgegeben. *Marlene, Mutter von Damian, 13, ADHS*

Mein Kind ist aktiv im Fasching, er kann sich beim Tanzen sehr gut bewegen und er ist ein sehr guter Redner. *Simone, Mutter von Lenny, 10, ADHS*

Besonders stolz bin ich auf ihn, wenn es mal wieder nicht so läuft und es sich durch den stressigen Alltag immer wieder hochschaukelt. Dann können wir durch direkte Gespräche gemeinsam feststellen, dass er »runterfahren« muss. Das weiß er dann meistens alleine und sagt es mir. Besonders stolz bin ich, wenn er sich selbst reflektieren kann und eigene Lösungen findet. *Gaby, Mutter von Mirko, 15, ADHS*

Kinder in der Schule ganzheitlich und ressourcenorientiert fördern

Viele Eltern stellen sich spätestens bei Wechsel auf die weiterführende Schule die Frage: Welche Schulform ist für mein Kind besonders geeignet? Die Antwort darauf ist häufig nicht leicht – egal ob mit oder ohne AD(H)S. Auch Kinder mit AD(H)S können das Gymnasium besuchen! Ein Abitur ist nicht ausgeschlossen. Ihr Kind hat ein Potenzial, das es nur auszuschöpfen lernen muss. AD(H)S hat nichts mit Intelligenz zu tun, und demnach kann Ihr Kind die Schulform besuchen, die es auch ohne AD(H)S besuchen würde. Wichtig ist, dass die Konzentration bisher so weit gefördert wurde, dass Ihr Kind sich entsprechend am Unterricht beteiligen kann. Kurz gesagt: Ja, auch ein Kind mit AD(H)S kann Abitur machen und studieren!

Wie können Lehrkräfte helfen?

Ein Problem ist, dass bewegungsfreudige Kinder in der Schule häufig nicht stillsitzen können und es auch Schwierigkeiten bei den Hausaufgaben gibt. Das führt dazu, dass die Kinder trotz guter Intelligenz ihr Leistungspotenzial nicht ausreichend zeigen können.

Wenn ein Kind sehr offen für viele Reize ist oder einen überdurchschnittlichen Bewegungsdrang hat, so kann es im Regelschulsystem häufig zu Schwierigkeiten kommen. Oftmals tun Klassen mit einer hohen Schülerzahl noch ihr Übriges hinzu. Für die Lehrkraft ist es dann nicht immer einfach, alle Kinder unter einen Hut zu bekommen und sie gleichermaßen anzusprechen. Und natürlich kann eine Lehrkraft nicht nur ein oder mehrere Kinder mit AD(H)S in der Klasse haben, sondern auch noch Kinder mit anderen Besonderheiten. Für individuelle Zuwendung ist dann kaum Platz.

Dazu kommt, dass AD(H)S im Studium und in der Lehrerausbildung kaum thematisiert wird. So haben mir schon viele Lehrer*innen davon berichtet, wie sie erst im Referendariat – also in der Praxis und nicht in der universitären Theorie – überhaupt mit dem Thema AD(H)S in Berührung gekommen sind. Es wäre gut, wenn das Thema viel früher schon eine Rolle in der Ausbildung spielen würde. Insbesondere, da wir wissen, dass im Durchschnitt in jeder Klasse ein bis drei Kinder ein AD(H)S haben können. Denn ganzheitliche Förderungen können auch im Lernort Schule sehr effektiv sein, wenn es darum geht, AD(H)S-betroffene Kinder beim Lernen und in ihren Sozialkontakten zu unterstützen.

In der Schule sollten also auch die Grundprinzipien des ganzheitlichen Lernens umgesetzt werden. Denn:

- Das Kind ist ein geborener Lerner.
- Das Kind lernt vernetzt mit Kopf, Herz, Hand und Humor.
- Das Kind lernt spielerisch und mit Freude.
- Der Mensch lernt ein Leben lang.
- Lernen ist mehr als Wissen anhäufen. Bildung ohne Herzensbildung ist keine Bildung.
- Lernen ist ein individueller, selbstbestimmter und nachhaltiger Prozess.
- Lernen und Erziehen gehören immer unmittelbar zusammen.
- Lernen beinhaltet Fehler machen.
- Lernen ist institutionsübergreifend und braucht starke Partner.
- Lernen gedeiht im respekt- und liebevollen Klima.

Ich bin der Auffassung, dass das ganzheitliche Lernen für alle Kinder vorteilhaft ist, egal ob mit oder ohne AD(H)S. Daher möchte ich Ihnen im Folgenden einige Ideen vorstellen, die das ganzheitliche Lernen unterstützen und die in der Schule wunderbar umgesetzt werden können.

Erfahrungsbasiertes Lernen

Am besten gelingt Lernen durch das Sammeln von Erfahrungen und durch Einsicht. Die Lerninhalte sollten möglichst erfahrungsbasiert erarbeitet werden. Beispielsweise können im Sachunterricht die Inhalte gestalterisch und durch Projektarbeiten vermittelt werden. Je mehr sich die Kinder nicht nur kognitiv, sondern auch aktiv mit den Lerninhalten auseinandersetzen, umso besser können sie sich die Inhalte merken. Das bezieht sich auch auf den Einsatz der Haptik: Silben können mit dem Arm geschwungen, gehüpft oder gelaufen werden, und Matheaufgaben können mit Steinen gelegt werden. Sie wissen ja, dass Kinder mit AD(H)S viel und gern in Bewegung sind. Da sind gerade Methoden, die Bewegung beinhalten, besonders effektiv. Sie tragen dazu bei, dass ein AD(H)S-Kind ganz »nebenbei« seinen Bewegungsdrang ausleben darf und sich dadurch gleichzeitig besser konzentrieren und die Lerninhalte aufnehmen kann.

Eine Methode für das strukturierte Lesen

Das Lesen, insbesondere von langen Texten, kann manchmal ganz schön schwierig sein. Da ist es besonders wichtig, strukturiert vorzugehen. Kinder mit AD(H)S profitieren ganz besonders von einem roten Faden, an dem sie sich entlanghangeln können. Um also den Überblick beim Lesen nicht zu verlieren, brauchen sie eine gute Anleitung. Sie können Ihrem Kind die folgenden Schritte auf ein Kärtchen schreiben, damit es sie Stück für Stück abarbeiten kann. Um einen Text möglichst strukturiert zu bearbeiten, hilft die sogenannte SQ3R-Methode sehr gut. »SQ3R« steht dabei für die Anfangsbuchstaben der einzelnen Schritte:

Survey (Überblick) – Ich verschaffe mir einen Überblick.
Der erste Schritt ermöglicht einen Überblick über den ganzen Text (Buch), indem zunächst der gesamte Text einmal durchgelesen wird.

Question (Fragen) – Ich stelle mir Fragen zum Text.
Die Lehrkräfte oder auch Schüler*innen stellen mögliche Fragen zum Text. Durch die Formulierung von Fragen wird ihre Motivation geweckt, Antworten auf die Fragen zu finden.

Read (Lesen) – Ich lese den Text und markiere wichtige Stellen.
Nun befassen sich die Schüler*innen mit dem Text. Sie lesen den Text abschnittsweise und versuchen, das Gelesene zu verstehen, damit es als Wissen gespeichert werden kann. Wichtige Schlüsselwörter und Zusammenhänge können farbig markiert werden.

Recite (Reflektieren) – Ich überprüfe nach jedem Abschnitt, ob ich den Text richtig verstanden habe.
Nach jedem Abschnitt sollten die Schüler*innen über das Gelesene nachdenken. Sie können das Gelesene auch schriftlich erfassen, zum Beispiel durch das Schreiben von Zusammenfassungen oder durch Mindmaps.

Review (Überprüfung) – Ich bringe alles in einen Zusammenhang.
Zum Abschluss sollten die Schüler*innen darüber nachdenken, wie der einzelne Abschnitt sich zum Gesamttext verhält und wie sie das Gelernte praktisch anwenden können.

Sie können mit Ihrem Kind diese Art von strukturiertem Lesen üben, indem Sie zunächst mit kleineren Texten beginnen. Gehen Sie gemeinsam Schritt für Schritt die Phasen durch und erklären Sie Ihrem Kind, wozu es diese einzelnen Schritte benötigt. Irgendwann wird Ihr Kind diese Methode ganz automatisch anwenden und profitiert gerade bei längeren Texten von der Struktur.

Kooperatives Lernen

Soziales Lernen ist für viele Schüler*innen ein sehr entspanntes und gleichzeitig interessantes Lernen. Das sogenannte kooperative Lernen hat den Vorteil, dass die Kinder lernen, sich selbstständig mit den Lerninhalten auseinanderzusetzen und sich gleichzeitig gegenseitig zu helfen und zu unterstützen. Sie lernen, die Themen anderen zu erklären und sich andererseits auch von Gleichaltrigen helfen zu lassen. AD(H)S-Kinder profitieren von diesen Methoden ganz besonders, denn sie haben mehr Möglichkeiten, sich dabei zu bewegen, als beim Frontalunterricht. Idealerweise finden diese Methoden im Schulunterricht statt. Sie können die folgenden Ideen aber auch prima zu Hause anwenden, wenn Sie Ihr Kind beim Lernen für Klassenarbeiten unterstützen möchten. Bei einigen Übungen sind auch kleine Lerngruppen hilfreich.

ÜBUNG

Erzählen/Wiederholen – Ihr Kind gibt Ihnen die gewünschte Information, dann wiederholen Sie das Gehörte.

Erzählen/Ergänzen – Der erste Partner beginnt eine Geschichte oder einen Sachverhalt zu erklären, die andere Partnerin ergänzt Informationen oder Details. (Kann zur Wiederholung benutzt werden.)

Erzählen/Paraphrasieren – Die Schüler*innen arbeiten in Paaren oder kleinen Gruppen und geben im Unterricht Gelerntes mit eigenen Worten wieder.

Erzählen/Umstellen – Der erste Partner gibt die Information, die andere Partnerin gibt die Informationen rückwärts oder verdreht wieder, ohne Details wegzulassen.

Erzählen/Weiterführen – Der erste Partner formuliert einen Gedanken, die zweite Partnerin verbindet diese Idee mit einem anderen Begriff (z.B. *Reptilien – Dinosaurier – ausgestorben – Umwelt – Recycling*).

Des Teufelsadvokat – Jeder Partner vertritt einen Standpunkt, der seinem eigenen widerspricht.

Verteidigen – Jeder Partner verteidigt seinen Standpunkt, indem er Beispiele zitiert und Begründungen gibt.

Teilen – Die Partner*innen bereiten sich gemeinsam vor, um einer größeren Gruppe gemeinsam ihre Ideen vorzustellen.

Abwechseln – Die Partner*innen wechseln sich bei der Erledigung einer Aufgabe ab.

Interview – Die Partner*innen fragen sich gegenseitig nach spezifischen Informationen. Die gewonnenen Informationen können dann dem nächsten Paar mitgeteilt werden.

Unterricht – Schüler*innen werden so zu Paaren zusammengestellt, dass sie sich gegenseitig ein Thema, das sie beherrschen, vorstellen können.

Übereinstimmung – Die Partner*innen versuchen, einen Konsens zu erreichen, bevor sie ihr Ergebnis mit der Gruppe teilen.

Rollenübernahme – Die Partner*innen teilen sich die anstehenden Aufgaben auf. Zum Beispiel: Eine schreibt, während die andere liest.

Lesen – Die Partner*innen wechseln sich beim Lesen der gleichen Textpassage ab.

Lesen/Auffrischen – Die Partner*innen wechseln sich beim Lesen ab, verbessern und lesen sich die Passage gegenseitig erneut vor.

Lesen/Abwechseln – Ein Partner liest einen Textabschnitt, und die andere Partnerin fängt da an, wo der erste aufgehört hat.

Gestaltung des Klassenzimmers

Ein bunt gestaltetes Klassenzimmer ist natürlich sehr schön, für ein Kind mit AD(H)S aber ein Paradies der Ablenkungen. Hier gilt es für die Lehrkraft, einen Mittelweg zu finden, bei dem ein reizoffenes Kind sich gut konzentrieren kann, während der Raum für die anderen ansprechend bleibt. Gehen Sie mit der Lehrkraft Ihres Kindes ins Gespräch und besprechen Sie gemeinsam, was Sie sich für Ihr Kind wünschen. Hierbei können folgende Überlegungen helfen:

- Bilder sollten überwiegend an einer Wand angebracht werden. Auf Fensterbilder oder Dekoration an den anderen Wänden sollte möglichst verzichtet werden.

- Das AD(H)S-Kind sollte recht weit vorn und mit dem Rücken zur Bilderwand sitzen, damit es der Lehrkraft gut folgen kann. Darüber hinaus gibt es den positiven Nebeneffekt, dass das Kind nicht von vor ihm sitzenden Mitschüler*innen abgelenkt wird.
- Tischreihen mit Blick zur Tafel sind sicher die beste Lösung. So braucht sich kein Kind den Kopf verrenken, um die Tafel sehen zu können.
- Im Klassenraum sollte eine Ruhezone eingerichtet werden, die das AD(H)S-Kind (und alle anderen) als Rückzugsort nutzen kann.
- Den Schüler*innen sollten sämtliche Sitzpositionen zum Arbeiten erlaubt werden: Arbeiten im Stehen, auf den Knien, im Liegen oder in Bewegung helfen besonders jüngeren Schulkindern dabei, effizienter arbeiten zu können.
- Die Hausaufgaben sollten immer in gleicher Weise gestellt werden. Sie sollten an die Tafel geschrieben werden, möglichst immer an derselben Stelle und nicht in den letzten Minuten der Stunde. Eine klare und deutliche Aufforderung, dass »nun bitte alle die Hausaufgaben in ihr Heft schreiben«, und etwas Zeit, um die Hausaufgaben ins Heft zu übertragen, helfen dabei, dass kein Kind vergisst, die Aufgaben in sein Hausaufgabenheft zu schreiben.

Der Arbeitsplatz im Klassenraum

Simon sucht händeringend seinen Füller, den er im Chaos auf seinem Platz zwischen Heften, seiner Trinkflasche, anderen Stiften und Zetteln nicht finden kann. Langsam, aber sicher fallen die Utensilien über den Rand des Tisches auf den Boden. Die anderen Kinder fühlen sich durch den Krach schon abgelenkt und reagieren teilweise genervt. Schnell räumt Simon alles wieder ein, doch der Füller bleibt verschwunden. Er greift also zum Bleistift, der jedoch nicht angespitzt ist. Seinen Anspitzer hat er verloren. Er fragt seine Mitschüler nach einem Spitzer, und nachdem er erfolgreich den Stift angespitzt hat, ist schon einige Zeit vergangen, die ihm nun zum Bearbeiten der Aufgaben fehlt. Also beeilt er sich, was dazu führt, dass er einige Flüchtigkeitsfehler macht. Hätte er mehr Zeit gehabt, wäre dies nicht passiert, denn Simon ist ein kluger Junge, der die Aufgaben eigentlich mit Leichtigkeit bearbeiten konnte.

Vielleicht können Sie an dieser Stelle bestätigen, dass in etwa so der Arbeitsplatz Ihres Kindes aussehen könnte. Um Ihr Kind bei der Organisation seines Arbeitsplatzes zu unterstützen, könnten Sie und die Lehrkräfte auf folgende Punkte achten:

- Achten Sie darauf, dass nur die Materialien auf dem Tisch liegen, die für das aktuelle Fach benötigt werden. Alles andere kommt in die Schultasche.
- Kaufen Sie für Ihr Kind lieber eckige Stifte, da diese nicht auf den Boden rollen können.
- Unterstützen Sie Ihr Kind dabei, lose Blätter abzuheften. So kann keine lose Blattsammlung entstehen.
- Schön sind eigene kleine Aufbewahrungsboxen in der Klasse für alle Schüler*innen, in denen häufig benötigte Utensilien abgelegt werden können. So können beispielsweise Tuschkasten, Schere, Lineal und Co. nicht vergessen werden.
- Fidget-Spielzeug sollte am Arbeitsplatz unbedingt erlaubt sein. Ebenso wie die Möglichkeit, ausreichend zu trinken oder Kaugummi zu kauen. Die motorische Betätigung hilft AD(H)S-betroffenen Kindern, ihren Bewegungsdrang zu regulieren und sich damit besser zu konzentrieren.
- Achten Sie beim digitalen Lernen darauf, dass keine Apps oder Spiele zugänglich sind, die das Kind ablenken könnten.

Der Unterricht

Grundsätzlich gilt: Kinder mit AD(H)S profitieren von einer guten Unterrichtsstruktur und klaren, gerechten Regeln. Es ist sinnvoll, folgende Punkte im Unterricht zu beachten:

- Der Unterricht sollte möglichst für alle Sinne gestaltet sein. Die Lehrkraft sollte versuchen, zwischen Bewegungselementen sowie auditiven und visuellen Unterrichtsmethoden zu wechseln. Beispielsweise kann nach einer Bewegungseinheit ein kurzes Hörspiel eingesetzt werden und anschließend durch bildliche Darstellung mit dem Gehörten weitergearbeitet werden. So bleibt der Unterricht abwechslungsreich und erhöht die Konzentrationsspanne der Kinder, insbesondere derer mit AD(H)S.
- Sinnvoll ist auch eine gute Gliederung der Anforderungen. Dazu gehören in erster Linie Aufgabenstellungen, die sowohl zeitlich als auch inhaltlich überschaubar und somit erreichbar sind. Es können zum Beispiel Teilziele gesetzt werden, die der individuellen Aufmerksamkeits- und Leistungsspanne des Kindes entsprechen.
- Wenn ein Kind mit AD(H)S ins Träumen gerät oder vom Bewegungsdrang übermannt wird, können Zeichen vereinbart werden, die es wieder aus der Phase der Träumerei oder aus der Zappeligkeit zurückholen. Das könnte ein Handzeichen sein, wie Daumen nach oben, oder ein kurzes Antippen.
- Kurze Botengänge in den Unterricht zu integrieren, kann einem bewegungsfreudigen Kind helfen, sich wieder zu konzentrieren. Durch ihre Hilfsbereitschaft erledigen von AD(H)S betroffene Kinder diese Aufgaben sehr zuverlässig.
- Es ist wichtig, dass Lehrkräfte mit möglichen Therapeut*innen im Kontakt stehen. So können individuelle Hilfen abgesprochen werden, und die Lehrkraft weiß, was dem Kind helfen kann.
- Entspannungsübungen wie zum Beispiel Yoga, Traumreisen oder

die progressive Muskelentspannung können in den Unterricht eingebunden werden.

- Rituale helfen den Kindern, sich auf den Schultag oder die jeweilige Schulstunde einzustimmen. Eine kurze Befindlichkeitsabfrage, zum Beispiel durch ein Ampelsystem, ermöglicht der Lehrkraft, die Stimmungen der Kinder wahrzunehmen. Dabei wird in den Klassenraum eine Ampel gehängt, und die Kinder laufen daran vorbei und klatschen jeweils auf eine Farbe. Dabei gilt Grün = mir geht es gut; Gelb = mir geht es so mittelmäßig; Rot = mir geht es nicht gut. Auch kann die Stimmung anhand von Stimmungsbildern, Tieren, Smileys, Wetterkarten u. v. m. dargestellt werden.
- Nicht zuletzt ist es natürlich grundlegend wichtig, Schüler*innen in ihren Stärken und positiven Eigenschaften zu sehen. Niemand sollte die Kinder auf irgendwelche Defizite reduzieren. So helfen regelmäßige Lehrer-Schüler-Gespräche, die positiv gestaltet sind, sowohl dabei, die gegenseitige Bindung zueinander zu stärken, als auch das Selbstwertgefühl des Schülers oder der Schülerin zu stärken.
- Sehr schön ist auch eine sogenannte »Lobdusche«. Dabei stehen alle in einem Kreis. Ein Kind darf in die Mitte treten und bekommt von den Mitschüler*innen positive und motivierende Worte gesagt. Regelmäßig angewendet entsteht so eine natürliche, wohlwollende Grundhaltung zwischen den Kindern.

Geräusche ausblenden

»Nun arbeite doch mal etwas leiser!« Das ist ein Satz, den Chris häufig zu hören bekommt, denn wenn er sich mit einer Aufgabe beschäftigt, summt er, singt ein Lied, trällert oder pfeift. Damit stört er natürlich seine Mitschüler und lenkt diese von ihrer eigenen Arbeit ab. Leider stößt er mit seinen Geräuschen nicht unbedingt auf Gegenliebe. Die Lehrerin setzt Chris deshalb ganz nach hinten, allein in die

Ecke, damit er die anderen Kinder nicht weiter stören kann. Dort in der Ecke fällt es Chris jedoch schwer, dem Unterricht zu folgen, und er schweift mit den Gedanken ab, beginnt zu tagträumen.

Was viele nicht wissen: Chris versucht, durch die eigenen Geräusche die Geräusche, die von außerhalb kommen, auszuschalten. Kinder mit AD(H)S machen häufig Krach und sind gleichzeitig sehr geräuschempfindlich und auch reizoffen für andere Geräusche. Wenn Chris also hört, dass ein Stift herunterfällt, lenkt ihn dies ab. Die eigenen Geräusche helfen ihm dabei, Geräusche von außen nicht hören zu müssen. Was hier helfen kann, ist der Einsatz von Ohrstöpseln oder Ohrwärmern, die die Geräusche im Klassenzimmer abmildern. Sollte dies nicht ausreichen, sind Kopfhörer, über die ein weißes Rauschen zu hören ist, sehr zu empfehlen. Das weiße Rauschen ist mit dem Geräusch zu vergleichen, das Röhrenfernseher früher nach Sendeschluss von sich gegeben haben. Es gibt inzwischen auch Apps (White Noise), die dieses Geräusch ganz einfach über das Handy abspielen. Auch andere monotone Geräusche wie Brummen oder Plätschern sind hilfreich. Wenn ein Kind mit AD(H)S diese Kopfhörer bei Stillarbeiten nutzen darf, wird es sich deutlich besser konzentrieren können, ohne die anderen Kinder durch eigene Geräusche abzulenken.

Die Lehrer-Schüler-Bindung

Der Hirnforscher Gerhard Roth hat im Rahmen seiner Forschungsarbeiten herausgefunden, dass für den Lernerfolg die Schüler-Lehrer-Bindung von ausschlaggebender Bedeutung ist. Ist die Lehrer-Schüler-Beziehung belastet, haben Lehrkräfte die Möglichkeit, durch bewusste Schaffung positiver Interaktionssituationen das Verhältnis zum Kind zu verbessern. Lehrer*innen sollten also bewusst Momente im Unterrichtsalltag schaffen, in denen sie mit dem Kind positive

Momente erfahren – sei es durch Loben, freundliches Zusammenarbeiten, humorvolle Gespräche oder Ähnliches. Dies setzt allerdings auch aufseiten der Lehrkräfte eine Veränderung eingefahrener Gewohnheiten voraus, die eine Zeit der Umgewöhnung benötigen. Wichtig ist das Erkennen der Stärken und positiven Eigenschaften des von AD(H)S betroffenen Kindes, damit diese besser wahrgenommen und dem Kind entsprechende Rückmeldungen gegeben werden können. Das bedeutet, dass die Lehrkraft sich überlegt, in welchen Situationen sie dem Kind positives Verhalten rückmelden kann, beispielsweise kurz nach dem Unterrichtsschluss. Dies kann ein positives Signal sein, welches vorher vereinbart wurde. Zum Beispiel signalisiert ein »Daumen hoch«: Du hast heute toll mitgearbeitet.

Wie kann Lernen mit ADHS gelingen?

Lernen mit AD(H)S kann ganz wunderbar funktionieren. Es muss allerdings geübt und trainiert werden. Es gibt eine Reihe an Übungen und ganzheitlichen Methoden, die Sie sowohl in der Schule als auch zu Hause prima einsetzen können.

Warm-up für den Unterricht

Sowohl bewegungsfreudige als auch eher antriebslose Kinder profitieren von einer kleinen Bewegungseinheit vor dem Unterricht. Das stärkt nicht nur die Aufnahmefähigkeit sowie Konzentration, sondern lässt auch den Einstieg ins Lernen leichter gelingen.

Die Lehrkraft kann die Kinder mit allen Sinnen »aufwecken« und lernbereit machen, indem sie die folgenden Übungen zur Aktivierung des Körpers mit der gesamten Klasse durchführt. Diese Übungen können zu Beginn der Stunde durchgeführt werden und eignen sich auch prima für ein Warm-Up vor dem Homeschooling.

ÜBUNG

Den ganzen Körper aufwecken

Die Kinder drücken nacheinander die Daumen jeder Hand in ihre gegenüberliegende Handfläche. Sie sollen zehn beliebige Punkte auf jeder Handfläche setzen und dabei überall tief und fest drücken. Als Nächstes drücken sie die Arme und Schultern, die rechte Seite mit der linken Hand und die linke Seite mit der rechten Hand.

Als Nächstes sollen die Kinder ihr Hautempfinden fördern. Dafür reiben sie erst ihre Handflächen und dann die Handrücken aneinander, dann können sie auch zwischen den Fingern reiben. Auch laut zu klatschen ist erlaubt! Anschließend dürfen sie sich über den Rücken streichen und ihre Arme und Beine ausstreichen.

Die nächste Übung ist für das Muskelempfinden geeignet. Die Kinder dürfen alle Muskeln einmal kräftig anspannen und wie ein Roboter auf der Stelle laufen. Kurz entspannen und anschließend noch einmal wiederholen.

Zum Abschluss dürfen die Kinder ihre Hände auf den Tisch drücken, um die Handgelenke zu dehnen. Natürlich sind auch andere Dehnübungen erlaubt, die gerade als notwendig erachtet werden.

Selbstreguliertes Lernen

Kinder mit AD(H)S profitieren sehr von selbstreguliertem Lernen. Das bedeutet, dass Kinder selbstbestimmter lernen und gleichzeitig ihr eigenes Lernen regulieren können. Wenn sie diese Form des Lernens beherrschen, können sie wesentlich motivierter arbeiten.

Merkmale selbstregulierten Lernens sind:

- eigenständige Zielsetzung
- (Selbst-)Motivation
- individuelle Auswahl geeigneter Lernstrategien
- Überwindung von Lernhindernissen und Ablenkungen
- Lernerfolgskontrolle

Die Selbsterfahrungsanteile und Selbstbestimmungsanteile sind bei selbstregulativen Methoden durchweg höher als beim Frontalunterricht. Selbstreguliertes Lernen bietet der Lehrkraft vielfältige Möglichkeiten, einen interessanten und abwechslungsreichen Unterricht zu gestalten. Ähnlich wie beim kooperativen Lernen können die folgenden Methoden auch für das gemeinsame Lernen zu Hause genutzt werden. Deshalb möchte ich in diesem Zusammenhang noch einmal erwähnen, wie wichtig der Austausch mit der Lehrkraft ist.

Methoden des selbstregulierten Lernens sind:

Erarbeitende Methoden

- **Stationenlernen:** Kinder müssen in freier Zeiteinteilung, beliebiger Reihenfolge und Sozialform Wahl- und Pflichtaufgaben in Stationen bearbeiten
- **Moderieren:** Gruppendiskussion unter Berücksichtigung aller Gruppenmitglieder
- **Puzzle:** Schülergruppen bearbeiten Teilthemen eines Gesamtthemas und stellen danach in neuen Gruppen jeweils ihr Thema vor
- **Projektarbeiten:** Schüler*innen bearbeiten ein gemeinsam ausgewähltes Thema über einen längeren Zeitraum

Darstellende Methoden

- **Präsentation:** bearbeitete Themen werden vor der Klasse oder vor Ihnen vorgestellt
- **Thesenpapier:** knappe Zusammenfassung eines Themas (oft in Zusammenhang mit Referaten)
- **Rollenspiel:** komplexe Themen werden in vereinfachten Situationen in Szene gesetzt

Vertiefende Methoden

- **Sortieraufgaben:** dienen der Überprüfung gelernter Inhalte für die anschließende Vertiefung
- **Strukturieren:** komplexe Themen werden vereinfacht wiedergegeben

Vernetzung von Inhalten

- **Ganzheitliches Lernen:** hier ist das Lernen mit allen Sinnen gemeint
- **Entdeckendes Lernen:** Inhalte, die sich die Schüler*innen selbst erschlossen haben, bleiben besser im Gedächtnis

Integrierende Methode

- **Lernen durch Lehren (LdL):** kleine Schülergruppen bekommen die Aufgabe, einen Teil des neuen Stoffes der ganzen Klasse zu vermitteln

Auf die richtige Einteilung kommt es an

Tom, 11 Jahre, zögert die Hausaufgaben jeden Tag bis zum späten Abend hinaus. Auch bei den einfachsten Aufgaben versucht er sich zu drücken. Er bekommt zwar Nachhilfe, aber wenn er etwas nicht gut versteht, traut er sich nicht, weiter nachzufragen. Darüber hinaus hat er nie seine Sachen zusammen und die Aufgaben in der Schule dann oft nicht dabei. Wenn seine Mutter nicht mittlerweile die Sachen für ihn packen würde, würde am nächsten Tag so einiges fehlen. Hat er seine Aufgaben trotzdem nicht gemacht und wird von der Lehrerin darauf angesprochen, findet er Ausreden, warum er es wieder nicht geschafft hat. Entweder waren die Geschwister zu laut, oder irgendjemand anderes ist schuld daran, dass er nicht arbeiten konnte. Im Großen und Ganzen muss seine Mutter alles vorbereiten und seine Zeit strukturieren, damit er überhaupt im Alltag zurechtkommt. Er selbst vergisst sonst alles. Zum Beispiel lässt er den Schlüssel an der Tür stecken, oder er verliert seine Busfahrkarte. Selbst ans Händewaschen und Zähneputzen muss ihn seine Mutter ständig erinnern …

Tom ist mit der Alltagsstrukturierung schlicht überfordert. Er braucht große Unterstützung, um die alltäglichen Dinge leisten zu können. Wenn zu viele Reize auf einmal auf ein Kind einwirken, dann erhöht sich der Erregungszustand des Gehirns. Und davon hängt wiederum die Anstrengungsbereitschaft ab. Um eine Überforderung zu vermeiden, sollten Sie die Hausaufgaben in kleine Teilaufgaben zerlegen. Achten Sie darauf, dass das Kind die Teilaufgaben festhält, indem es sie schriftlich auf einen Zettel notiert. Kleinere Einheiten helfen dem Kind dabei, die einzelnen Schritte der Aufgabenerledigung zu überschauen, und geben Ihrem Kind einen roten Faden beim Lernen. Vergessen Sie dabei auch nicht, Ihr Kind ausreichend Pausen machen zu lassen. Auch der Zeitpunkt des Lernens ist ein wichtiger Aspekt hinsichtlich des Lernerfolgs.

Jedes Kind hat sein eigenes Zeitmanagement und bevorzugt seinen ganz persönlichen Lernzeitpunkt. Einige Kinder möchten nach dem Mittagessen sämtliche Verpflichtungen erledigen und für sich abhaken, bevor sie dann unbeschwert zum Spielen übergehen können. Andere Kinder brauchen erst mal eine längere Pause nach dem Schulvormittag und bevorzugen Freizeit nach dem Mittagessen, um dann abends die Aufgaben mit ausreichend Abstand vom Schulvormittag zu erledigen. Viele AD(H)S-Kinder benötigen auch erst mal das »Auspowern« nach dem Schulvormittag, um dann wieder konzentrierter arbeiten zu können. Fragen Sie Ihr Kind nach seinem idealen Zeitpunkt für Hausaufgaben und Lernen. Es ist wichtig, dass Sie Ihr Kind bei der Entscheidung miteinbeziehen.

Lassen Sie Ihr Kind schätzen, wie lange es in etwa für das Erledigen der (Haus-)Aufgaben benötigen wird oder wie viele Aufgaben es schaffen kann. Fertigen Sie dazu gemeinsam eine Tabelle an. Vergleichen Sie dann nach dem Erledigen der Aufgaben die Schätzung mit dem tatsächlichen Arbeits- bzw. Zeitaufwand. Wenn die Werte übereinstimmen, können Sie das Kind loben und ermutigen, dies für die nächsten Aufgaben auch zu tun. Sollten Einschätzung und Realität nicht übereinstimmen, so können Sie dem Kind helfen zu reflektieren, was das nächste Mal hilfreich für eine schnellere Erledigung oder bessere Einschätzung sein könnte. Das Kind lernt dadurch, ein besseres Zeitgefühl für die Erledigung der Aufgaben zu entwickeln.

Brain Gym

Eine Methode, die sowohl Sie als Eltern als auch Lehrer*innen im Unterricht anwenden können, sind Übungen aus dem Brain Gym. Diese »Gehirngymnastik« wurde 1981 von dem Amerikaner Paul Dennison ursprünglich als Bewegungsprogramm für Berufstätige entwickelt. Heute wird das Brain Gym oft auch in Schule, Therapie oder Förderung benutzt, da es die Konzentration fördert und eine ideale Bewegungspause in Lernzeiten ermöglicht. Diese Methode bietet eine gute Möglichkeit, sich zwischen Lerneinheiten zu dehnen und zu entspannen, was sich dann positiv auf das weitere Lernen auswirken kann. Gerade bewegungsfreudige Kinder werden ihren Spaß an den Übungen haben.

Brain Gym beruht vor allem auf koordinierten Bewegungsabläufen und Atmung. Recht bekannt sind dabei die Ausführung der »liegenden Acht« sowie Überkreuzbewegungen.

ÜBUNG

Liegende Acht

Ihr Kind steht schulterbreit und neigt den Kopf auf die linke Schulter (linkes Ohr auf linke Schulter). Nun streckt es den linken Arm nach vorn und malt eine liegende Acht in die Luft; dann wird die Seite gewechselt.

Diese Übung entspannt den Nacken, verbessert die Hörfähigkeit und aktiviert die Zusammenarbeit von rechter und linker Gehirnhälfte.

Die liegende Acht kann auch in anderen Varianten durchgeführt werden. Legen Sie dafür ein Springseil in Form einer liegenden Acht auf den Boden und lassen Sie Ihr Kind die Form nachlaufen, hüpfen, balancieren, krabbeln etc. Auch das groß- und kleinflächige Malen einer liegenden Acht ist wirkungsvoll.

ÜBUNG

Überkreuzbewegung

Diese Übung ähnelt ein wenig dem Marschieren. Lassen Sie Ihr Kind dafür folgende Bewegungen durchführen:
Der rechte Arm ist nach oben ausgestreckt. Wenn Ihr Kind nun das linke Knie hebt, führt es den rechten Arm zum linken Knie. Dann setzt es den Fuß wieder ab, hebt den linken Arm und führt ihn anschließend zum rechten Knie. Diese Bewegung wird langsam und durch tiefes Ein- und Ausatmen begleitet und mehrmals wiederholt.
Das Gleiche kann auch hinter dem Rücken durchgeführt werden. Dabei berühren sich hinter dem Rücken abwechselnd rechte Hand und linker Fuß sowie linke Hand und rechter Fuß.
Die Überkreuzbewegung aktiviert die beiden Gehirnhälften gleichzeitig. Sie bringt das Gehirn dazu, visuelle, auditive und kinästhetische sowie haptische Fähigkeiten aufeinander abzustimmen. Dadurch sollen Fertigkeiten wie Zuhören, Lesen, Schreiben und Erinnern verbessert werden.

Kaugummikauen

Kaugummikauen in der Schule galt lange als unhöflich und war nicht gern gesehen. Warum also jetzt »Kaugummikauen« als hilfreiche Methode für den Schulunterricht? Kaugummi kauen hilft bei der Konzentration! Britische Forscher konnten in einem Experiment belegen: Wer Kaugummi kaut, bleibt länger aufmerksam und kann Informationen länger effektiv aufnehmen.[1] Zwar ist diese Theorie nach wie vor umstritten, jedoch ist es einen Versuch wert, ob dieses einfache Hilfsmittel Ihrem Kind bei der besseren Konzentration hilft. AD(H)S-Kinder neigen ja ohnehin dazu, ihren Bewegungsdrang ausleben zu wollen. Es ist also möglich, dass die Kaubewegungen einen positiven Effekt auf den Bewegungsdrang haben und diesen damit ebenfalls mindern. Probieren Sie es einfach aus und erlauben Sie Ihrem Kind oder Ihren Schüler*innen mal einen Kaugummi beim Lernen oder im Unterricht.

Verstärkerpläne

Verstärkerpläne bedeuten nichts anderes, als dass Sie auf ein erwünschtes Verhalten mit einer positiven Reaktion (Verstärkung) reagieren. Das Ganze stammt aus der sogenannten operanten Konditionierung, was so viel wie Lernen durch Verstärkung meint. Den Lernprinzipien dieser Theorie zufolge führt eine positive oder negative Verstärkung zu einer Veränderung oder zum Erlernen einer Verhaltensweise.

Es gibt zwei Arten von Verstärkung (die positive und die negative Verstärkung) und zwei Formen von Strafen (direkte und indirekte Strafe).

Positive Verstärkung bedeutet die Erhöhung der Auftretenswahrscheinlichkeit eines Verhaltens, wenn das Verhalten einen angenehmen Reiz auslöst (z. B. Anerkennung, Achtung, Nahrung, Geld).

Negative Verstärkung bedeutet die Erhöhung der Auftretenswahrscheinlichkeit eines Verhaltens, wenn das Verhalten einen unangenehmen Reiz verhindert oder beendet (z. B. das Entfernen von Lärm, grellem Licht, Hitze oder Kälte).

Direkte Bestrafung bedeutet die Senkung der Auftretenswahrscheinlichkeit eines Verhaltens, wenn das Verhalten einen unangenehmen Reiz auslöst (z. B. Lärm, grelles Licht, Hitze oder Kälte, Stromschlag).

Indirekte Bestrafung bedeutet die Senkung der Auftretenswahrscheinlichkeit eines Verhaltens, wenn das Verhalten einen positiven Reiz verhindert oder beendet (z. B. Wegnahme von Futter, Wärme, Weihnachtsgeld).

Jedes Ereignis, das auf ein Verhalten folgt, ist ein Verstärker. Erwünschtes Verhalten wird belohnt und soll dadurch verstärkt auftreten (positive Verstärkung), während unerwünschtes durch Unterlassen einer Belohnung oder gar durch Bestrafung verändert werden soll. Wichtig hierbei ist, dass die Verstärker zeitnah eingesetzt werden, damit sie unmittelbar mit dem Verhalten in Zusammenhang gebracht werden können. Schüler*innen, die für eine freiwillige Beteiligung am Unterricht Lob und Anerkennung erfahren, werden dieses Verhalten künftig mit großer Wahrscheinlichkeit häufiger zeigen.

Besonders die positive Verstärkung findet sich in sogenannten Tokensystemen (Verstärkerpläne oder Kontingenzverträge) wieder, die häufig in Schulen oder Therapien eingesetzt werden. Bekannt ist dabei insbesondere der Smiley-Plan, bei dem für ein positives Verhalten Smileys als Belohnung gesammelt werden. Viele Familien setzen diese Belohnungssysteme auch zu Hause ein. Dafür werden vorab ganz klare Regeln und Aufgaben besprochen.

Verstärker sollten immer mit Bedacht eingesetzt werden. Besonders wirkungsvoll und wünschenswert sind soziale Verstärker wie Lob und Anerkennung sowie Handlungsverstärker wie gemeinsame Spiele, ein Kinobesuch oder anderweitig gemeinsam verbrachte Zeit. Zu den materiellen Verstärkern gehören Belohnungen wie Geld oder Spielzeug, die nur im Ausnahmefall oder kurzzeitig genutzt werden sollten. Dies ist von großer Bedeutung, um dem Kind nach und nach einen Übergang von der extrinsischen (von außen kommenden) hin zur intrinsischen (von innen/aus einem selbst heraus kommenden) Motivation zu ermöglichen.

Verstärkerpläne sollten also stets Belohnungen für ein erwünschtes Verhalten beinhalten, die unmittelbar bei Erfüllung der Vereinbarungen eingesetzt werden. Auf Bestrafungen sollte grundsätzlich verzichtet werden.

Der Verstärkerplan kann auch gestaffelt werden – von kleineren und leichter zu erfüllenden hin zu schwierigeren und komplexeren Aufgabenstellungen. Aufwand und Belohnung sollten dabei in angemessenem Verhältnis zueinander stehen.

Der elfjährige Mirko hält sich häufig nicht an die zu Hause vereinbarten Regeln . Er hat einen sehr starken Willen, den er häufig auch durchzusetzen versucht. Im Alltag gibt es immer wieder Konflikte, vor allem bei den Hausaufgaben, denn er fängt einfach nicht damit an. Vereinbarte Zeiten hält er nicht ein, er ist immer anderweitig beschäftigt und findet, auch wenn er sich endlich hinsetzt, ständig Gründe, seine Arbeit zu unterbrechen. Mal hat er Durst, mal muss er zur Toilette oder es fehlen ihm Arbeitsmaterialien. Seine Eltern reagieren dann oftmals genervt. Den Druck aus der Schule spüren sie schließlich auch, und so liegen die Nerven auch bei seinen Eltern manchmal blank. Was kann Mirko helfen? Bei Mirko hat das Einführen eines Belohnungssystems sehr gut funktioniert. Gemeinsam mit

Mirko und seinen Eltern haben wir einen Plan aufgestellt, wann und in welchem Zeitraum die Hausaufgaben jeweils erledigt sein müssen. Da die Eltern abwechselnd in Schichtdiensten tätig sind, ist auch die Hausaufgabenbetreuung abwechselnd gestaltet. Besonders wichtig ist es also, dass die Eltern dabei an einem Strang ziehen. Alle drei haben eine Vereinbarung, dass die Aufgaben in den verabredeten Zeiten erledigt werden, unterschrieben, um die Wichtigkeit der Einhaltung auf allen Seiten festzuhalten. Ebenso wurde gemeinsam vereinbart, dass Mirko für jeden Tag, an dem er seine Aufgaben erledigt hat, eine Murmel in ein Glas bekommt. Jede Murmel zählt einen Punkt. Er kann die Murmeln sparen und bekommt beim Erreichen von 20 Murmeln eine größere Belohnung, oder er kann schon bei fünf Murmeln eine kleinere Belohnung erhalten.

Verstärkerpläne müssen individuell gestaltet werden. Beispielsweise kann man zu Anfang häufige kleinere Belohnungen einsetzen, um das gewünschte Verhalten der Lernenden zu erreichen, und dann die Häufigkeit der Belohnung mit der Zeit reduzieren. Jedoch sollte Ihr Kind dabei die Fähigkeit des sogenannten Belohnungsaufschubes haben.

Lerntypen

Es gibt eine Vielzahl an Lerntypen. Am häufigsten unterscheidet man zwischen dem visuellen, dem auditiven und dem kinästhetisch/haptischen Lerntyp. Allerdings ist die reine Spezialisierung auf einen Sinneskanal eher selten; meist existieren verschiedene Mischformen. Außerdem gibt es olfaktorische (Riechen) oder gustatorische (Schmecken) Lerntypen sowie kommunikative, medienorientierte, kontakt- beziehungsweise personenorientierte und diverse andere Lerntypen. Sie sehen, die Bandbreite ist wirklich riesig. Lernen durch Riechen klingt zunächst ungewöhnlich, jedoch können Sie beim Lernen diesen Sinneskanal durchaus einsetzen. Einige Kinder können sich besser konzentrieren, wenn bestimmte Gerüche in der Luft liegen. Durch verschiedene Öle, die in Konzentraten erhältlich sind, kann die Konzentrations- und Lernleistung gesteigert werden. Besonders bewährt haben sich dabei Zitrone, Grapefruit, Lavendel oder Mandarine.

Ein Lerntypentest kann Aufschluss darüber geben, ob eine Person eher über das Sehen (visuell), das Hören (auditiv) oder über Bewegung und Berührungen (kinästhetisch-haptisch) lernen kann. Solche Lerntypentests können Sie in der Regel bei einem Lerntherapeuten oder einer Lerntherapeutin machen lassen, aber auch im Internet gibt es eine gute Auswahl an Online-Tests. Darauf basierend kann dann eine auf den Lerntypen bezogene Lernumgebung geschaffen werden.

Für den **visuellen Lerntyp** beispielsweise können Hilfsmittel wie Mindmaps, Flipcharts, Farben, Bilder und Karteikartensysteme ebenso wie Computerprogramme, Lesen, Filme, das Visualisieren von Mathematik etc. unterstützend sein. Auf zu viel Material sollte am Arbeitsplatz jedoch verzichtet werden.

Der **auditive Lerntyp** hingegen erzielt womöglich über lautes Lesen die besten Erfolge; ebenso helfen musikalische Hilfsmittel (1x1-Rap oder Tinto-Rap), Filme in Originalsprache, Hörbücher oder das Hören von Musik beim Lernen.

Verschiedene Materialien wie Sand, Knete, Holz, Salzteig, Lego und Handschmeichler oder Knautschbälle sind für den **haptischen Lerntyp** beim Lernen von Vorteil. Ihm helfen auch Bewegung, Brain-Gym-Übungen, Action Painting, Montessori-Material oder Fidget Spinner besonders gut dabei, sich zu konzentrieren.

Dadurch, dass Kinder mit AD(H)S oft über viele Kanäle reizoffen sind, empfiehlt es sich also zum einen, bestimmte Kanäle zu nutzen und andere anzuregen oder auszuschalten. Zum Beispiel können Sie beim Lesen eines Textes (visueller Sinneskanal) Ihrem Kind Ohrenstöpsel geben (Ausschalten des auditiven Kanals). Wichtig dabei ist zu wissen, dass einige Kinder auch durch das Hören von Musik diesen Sinneskanal zu bedienen versuchen, um sich auf die Aufgaben zu konzentrieren. Verbieten Sie also nicht zwingend das Hören von Musik während des Lernens, denn jeder hat seine eigene Strategie, um die Konzentration zu steigern. Bedenken Sie dies bitte auch beim Thema Bewegung. Viele Kinder mit AD(H)S sind haptische Lerner. Sie lernen Vokabeln besonders gut auf dem Trampolin oder beim Seilspringen. Finden Sie mit Ihrem Kind gemeinsam heraus, was besonders hilfreich ist – die Möglichkeiten sind da sehr vielfältig. Ein AD(H)S-Kind bei mir in der Praxis hat sich zum Beispiel die Vokabeln und auch andere Lerninhalte durch eine Diktierfunktion auf das Handy gesprochen. Beim täglichen Joggen hört sich dieser Junge nun immer seine Aufzeichnungen an und lernt damit viel besser als vorher. Er verknüpft somit den auditiven Sinneskanal mit dem haptischen Lernstil.

Das Langzeitgedächtnis unterstützen

Wenn wir glauben, etwas vergessen zu haben, dann ist es in der Regel nicht aus dem Gehirn gelöscht worden, sondern unser Gehirn hat lediglich etwas Platz geschaffen, indem es vor allem die Inhalte zugänglich hält, die wir häufiger benutzen. Im Klartext heißt das: Ein Gedicht, das Sie einmal sehr gut auswendig konnten, jetzt aber nicht mehr spontan aufsagen können, weil Sie es nicht mehr brauchen, ist nicht vergessen, sondern nur schwerer zugänglich. Wenn Sie dieses Gedicht erneut aufsagen möchten, wird Ihnen das »wieder Hervorholen« leichter fallen als das erste Auswendiglernen. Ihr Gehirn hat das Gedicht also irgendwo im Speicher abgelegt, und es braucht nur etwas Auffrischung, um es wieder präsent zu machen.

So schützt uns unser Gehirn vor unnötigem Ballast und Überlastung.

Bei Kindern mit AD(H)S kann dieses Ablagesystem durcheinandergeraten. Ein Grund dafür ist ein möglicher Widerstand gegen Wiederholungen von subjektiv uninteressanten Inhalten, eine fehlende Bereitschaft zum Üben oder mangelnde Geduld.

Doch Sie können Ihr Kind in Zusammenarbeit mit den Lehrkräften unterstützen:

- Die Hausaufgaben können in Absprache mit den Lehrkräften angepasst werden. Versuchen Sie Ihr Kind mit der richtigen Menge zu fördern, aber nicht zu überfordern.
- Führen Sie gemeinsam ein Protokoll zur Kontrolle ein, in dem Sie festhalten, was und wie viel Ihr Kind gelernt hat.
- Führen Sie Tagespläne ein und verlangen Sie nicht, dass Ihr Kind die Wochenpläne im Blick hat.
- Unterstützen Sie Ihr Kind dabei, an Abgabetermine zu denken. Gestalten Sie dafür einen gut einsehbaren Kalender, der übersichtlich zeigt, was wann zu tun ist.
- Nutzen Sie für das Erlernen von Inhalten abwechslungsreiches Material. Bildkarten, Bücher, Vorlesen, Videos etc.
- Alles, was zu Beginn der Schulstunde oder der Lerneinheit erfasst wird, bleibt häufig besser im Langzeitgedächtnis haften (Primäreffekt).
- Nicht zuletzt und so simpel es auch klingt: Motivation! Ihr Kind benötigt Ihre Unterstützung, damit sind auch motivierende Worte gemeint. Wenn Sie an Ihr Kind glauben, glaubt es auch an sich, und die Bereitschaft zu lernen ist damit deutlich höher.

Fortbildungen für Lehrer*innen

Im Rahmen meiner Doktorarbeit habe ich in einer Studie untersucht, wie gut sich Lehrkräfte mit AD(H)S auskennen. Dafür hatte ich einen Fragebogen entwickelt und die Daten an Berliner Grundschulen erhoben. An der Befragung nahmen insgesamt 118 Lehrkräfte von 18 verschiedenen Grundschulen in Berlin teil. Dabei ging es um die Bereitschaft, an Fortbildungen teilzunehmen, den Wissensstand zum Thema AD(H)S und die Wahrnehmung von AD(H)S im Schulalltag. Ich möchte Ihnen im folgenden Abschnitt einen kleinen Einblick in die Ergebnisse meiner Untersuchung geben, da ich mir wünsche, dass Eltern und Lehrer*innen gut zusammenarbeiten, um ihrem Kind die bestmögliche Unterstützung zu geben. Gegenseitige Empathie kann da sehr hilfreich sein.

In meiner Arbeit konnte ich zeigen, dass AD(H)S wenig bis gar nicht in der beruflichen Ausbildung von Lehrkräften thematisiert wird. Wie aber eingangs beschrieben, sind nicht wenige Kinder von AD(H)S betroffen, und somit sollten sich Lehrkräfte mit der Thematik beschäftigen. Dazu gehören neben dem Grundlagenwissen auch die möglichen Therapieformen. In dem Zusammenhang zeigte sich, dass Lehrer*innen, die sich über Nebenwirkungen von Medikamenten informiert haben, das Verhalten von AD(H)S-Kindern insgesamt als mittelmäßig bis nur leicht erkennbar problematisch empfinden. Diejenigen, die sich nicht mit den Nebenwirkungen von AD(H)S-Medikamenten auskennen, empfinden das Problemverhalten oft als stark ausgeprägt. Es ist also absolut wünschenswert, dass Lehrkräfte bereits im Studium besser zum Thema AD(H)S informiert werden.

Ich konnte auch zeigen, dass sich nicht betroffene Mitschüler*innen, die über AD(H)S gut informiert sind, toleranter gegenüber ihren Mitschüler*innen mit AD(H)S verhalten als nicht informierte. Dieses Ergebnis unterstreicht die Wichtigkeit der richtigen Aufklärung der Klassen über AD(H)S. Gleichzeitig gibt es einen deutlichen Zusammenhang zwischen Verständnis bei hyperaktiven Ausbrüchen und der guten Integration eines betroffenen Kindes in die eigene Klasse.

Aus den Ergebnissen meiner Befragung konnte ich einige inhaltliche und strukturelle Aspekte für mögliche Fortbildungen zu diesem wichtigen Thema ableiten.

- Aufklärung über die Symptome von AD(H)S und Fördermöglichkeiten. Insbesondere sollte man hier eher auf alltägliche Fördermöglichkeiten zu sprechen kommen. Dadurch kann der Transfer in den eigenen Unterricht besser gelingen.
- Aufklärung über Medikamente (Indikation, Kontraindikation, Darreichungsform, Wirkungen, Risiken, Persönlichkeitsveränderungen) in fachlich neutraler Form, um so weder eine Befürwortung noch eine Ablehnung zu forcieren.
- Aufklärung über Nebenwirkungen der Medikamente, um für den Umgang mit Medikamenten zu sensibilisieren.
- Bereitstellung von Handwerkszeug für das Lehrpersonal, wie es beispielsweise in Programmen zur Gewaltprävention üblich ist, um bessere Handlungsmöglichkeiten in besonderen Situationen zu ermöglichen.
- Wie sich zeigte, haben Mitschüler ohne AD(H)S mehr Verständnis für AD(H)S-betroffene Kinder, je mehr sie über die Störung aufgeklärt sind. Demnach sollten Lehrende in einer Fortbildung unbedingt dazu befähigt werden, ihre Klassen über AD(H)S aufzuklären, um damit den betroffenen Schulkindern eine bessere Integration zu ermöglichen.
- Damit verbunden sollten die Lehrkräfte zum Perspektivwechsel angeregt werden, um mehr Empathie für AD(H)S-betroffene Schüler zu entwickeln.

- Es sollten Unterrichtsmethoden vorgestellt werden, die es ermöglichen, ein AD(H)S-betroffenes Kind besser zu integrieren (vgl. Kapitel »Wie können Lehrkräfte helfen?«).
- Insbesondere Lehrpersonal an Regelschulen sollte das Angebot einer AD(H)S-Fortbildung erhalten, denn in der Ausbildung von Sonderschullehrer*innen werden AD(H)S-typische Themen eher behandelt als in der Ausbildung zur Lehrkraft an einer Regelschule. Jedoch kommt es mit ein bis zwei Schüler*innen pro Regelschulklasse und aufgrund gering fundierter Kenntnisse über die Störung insbesondere hier zu anscheinend unlösbaren Problemen. Hier spielen häufig große Klassen eine Rolle, in denen es fast unmöglich ist, allen Schüler*innen gleichermaßen gerecht zu werden.

Was raten Sie anderen Eltern?

Mein Rat an alle Eltern mit AD(H)S-Kindern: Sich auf das Positive zu konzentrieren, sein Kind so zu lieben, wie es ist, und der Rest ergibt sich mit viel Verständnis, Hilfe und Liebe. *Madeleine, Mutter von Lara, 8, ADHS*

Wichtig ist es, immer wieder aufzustehen und nach vorn zu sehen. Man muss sich öfter bewusst machen, dass viele Dinge schwierig sind, aber dass sich um jeden Preis anzupassen das falsche Ziel ist. *Sonja, Mutter von Torben, 10, ADHS*

Es ist wichtig, an sein Kind zu glauben. *Reiner, Vater von Moritz, 7, ADS*

Unsere Kinder sind toll, und wir raten jedem, darauf zu vertrauen, dass sie zu großartigen Persönlichkeiten heranwachsen. *Käthe und Armin, Eltern von Matthias, 11, ADHS*

Freunde finden in der Schule

Freundschaften in der frühen Kindheit sind unheimlich wichtig, auch wenn sie oftmals nur kurzfristig halten. In der Regel entwickeln sich die ersten Freundschaften ab dem dritten Lebensjahr. Und das läuft meist noch wunderbar einfach ab: »Wollen wir Freunde sein?« – »Ja, klar, was wollen wir spielen?« Aber auch enge, lebenslange Freundschaften können in dieser Zeit schon entstehen. Grundsätzlich ist es wichtig, Freundschaften zu entwickeln und zu pflegen. Sollte dies, aus welchen Gründen auch immer, nicht passieren, machen sich Eltern häufig Sorgen. Was können Sie also tun, wenn es mit den Freundschaften nicht so recht klappen will?

Nico ist 10 Jahre alt, er gehört zu den verträumten ADSlern und interessiert sich sehr für Tiere. Er hat einen Hund und zwei Katzen, außerdem leben im Garten noch zwei Kaninchen. Er kümmert sich liebevoll um seine Tiere und versorgt sie fast selbstständig. Wenn er nicht gerade bei seinen Tieren ist, sitzt er in seinem Zimmer und liest – sein zweites großes Hobby, neben den Tieren. Wenn ich ihn frage, ob er glücklich so ist, wie es gerade so ist, dann antwortet er manchmal mit Ja, und dann gibt es wieder die Tage, an denen er mir gesteht, dass er gern Freunde hätte, mit denen er sich auch mal verabreden kann. Seine Eltern sind sehr besorgt, denn sie wünschen sich mehr Kontakte für ihren Jungen. Sie befürchten, dass er immer stärker zum Einzelgänger wird und den Zugang zu Gleichaltrigen verliert. Nico ist ein sehr feinfühliger und emotionaler Junge. Deshalb traut er sich nicht, auf andere Kinder zuzugehen. Wovor er Angst hat, kann er nicht wirklich sagen. Seine Eltern vermuten, dass er sich fürchtet, abgewiesen zu werden. Er hat nicht das nötige Selbstbewusstsein und zieht sich deshalb lieber zurück, um nicht verletzt zu werden.

Bedenken Sie zunächst, dass Sie die Kinder und Menschen um sich und Ihr Kind herum nicht ändern können. Man kann nichts erzwingen und sollte daher möglichst erst einmal ohne Erwartungen auf andere zugehen. Was Sie aber beeinflussen können, ist die eigene Einstellung und wie Sie und Ihr Kind sich anderen gegenüber verhalten. Betrachten Sie das Ganze einmal als System: Wenn ich freundlich und offen auf andere Menschen zugehe, spiegelt sich dieses Verhalten in der Regel wider. Deshalb ist es wichtig, dass Sie Ihrem Kind soziale Kompetenzen beibringen.

Wie schafft es Ihr Kind aber nun, Freundschaften zu schließen? Ich habe Ihnen dafür einige Tipps zusammengestellt.

Konzentrieren Sie sich erst einmal auf einen potenziellen Spielkameraden. Überfordern Sie Ihr Kind nicht mit zu großen Gruppen, so kann es sich langsam mit einem Kind vertrauter machen. Laden Sie das Kind zu sich nach Hause ein, so hat Ihr Kind einen gewissen Heimvorteil. Am besten laden Sie gleichzeitig noch ein Elternteil mit ein, so können Sie sich im Wohnzimmer unterhalten, während die Kinder gemeinsam im Kinderzimmer oder Garten spielen. Sollte es dann zu Reibereien kommen, sind beide Eltern in der Nähe, um den Streit zu schlichten.

Lassen Sie Ihrem Kind Zeit. Jeder Mensch hat sein eigenes Tempo, um auf andere Menschen zuzugehen. Sätze wie »Nun geh doch mal zu ihr hin« oder »Frag ihn doch mal, ob ihr spielen wollt« setzen Ihr Kind nur unter Druck. Sprechen Sie lieber mit Ihrem Kind, und fragen Sie es, ob Sie es in irgendeiner Form unterstützen können. Fragen Sie nach Ängsten oder Befürchtungen. Wenn Ihr Kind dann um Hilfe bittet, können Sie gemeinsam Strategien zur Freundschaftsfindung entwickeln.

Vertrauen Sie auf die Auswahl Ihres Kindes. Hatten Sie schon einmal die Situation, dass Ihr Kind einen Freund oder eine Freundin mit nach Hause gebracht hat, von der Sie alles andere als begeistert waren? Hatte dies triftige Hintergründe, kann ich Sie gut verstehen. Trotzdem möchte ich Ihnen raten, dass Sie möglichst unvoreingenommen auf die Auswahl der Spielkamerad*innen Ihres Kindes reagieren. Ihr Kind wollte, warum auch immer, die Freundschaft mit diesem Kind, und das sollten Sie zunächst respektieren. Merken Sie, dass diese Freundschaft Ihrem Kind nicht guttut, beispielsweise weil Ihr Kind stets bevormundet wird und dem anderen Kind unterliegt – die Freundschaft also nicht gleichberechtigt ist –, dann können Sie mit Ihrem Kind darüber sprechen und versuchen zu erklären, warum Sie diese Freundschaft kritisch sehen.

Wenn Sie ein bewegungsfreudiges Kind zu Hause haben, kann es sein, dass es sich zu Gleichgesinnten hingezogen fühlt. Dann kann es beim Spielen schon mal hoch hergehen. Achten Sie darauf, dass Sie den Kindern dann angemessenen Spielraum zur Verfügung stellen und sich die Spielenden in einem geschützten Rahmen gut entfalten können. Ausreichend Anreize und Spielmaterial mit hohem Aufforderungscharakter sind dabei sehr wichtig.

Seien Sie ein gutes Vorbild. Wenn Ihr Kind sieht, dass Ihnen soziale Kontakte wichtig sind, wird es Ihrem Beispiel folgen. Freundschaften zu pflegen ist dann ganz natürlich, und so wird Ihr Kind ganz ungezwungen in freundschaftliche Beziehungen gehen.

Fördern Sie Spielfähigkeiten. Beschäftigen Sie sich kreativ mit Ihrem Kind. Ein Kind, das stets allein im eigenen Zimmer spielt, wird voraussichtlich kein großes Interesse daran entwickeln, sich Gesellschaft zu suchen. Es wird es eher als ungewohnt empfinden, wenn sich eine weitere Person beim Spielen in der Nähe aufhält.

Vermeiden Sie Stigmatisierung – auch anderer Kinder. Die eigene Haltung ist, wie bereits erwähnt, besonders wichtig, wenn es darum geht, auf andere zuzugehen. Genauso, wie es unrecht ist, Ihr Kind aufgrund eines AD(H)S zu stigmatisieren, sollten Sie dies auch bei anderen Kindern vermeiden. Seien Sie ein gutes Vorbild und stecken Sie niemanden in die sprichwörtliche Schublade.

Nutzen Sie Vereine. Gleiches Interesse verbindet. Suchen Sie gemeinsam mit Ihrem Kind ein Hobby in einem (Sport-)Verein oder einer anderen Einrichtung, in der Ihr Kind auf andere Kinder trifft, die das gleiche Hobby teilen. Das verbindet und erleichtert das Finden von Freundschaften.

Schätzen Sie die Bedürfnisse Ihres Kindes richtig ein. Zu guter Letzt sollten Sie stets darauf achten, ob Ihr Kind den Wunsch nach Freundschaften äußert. Einige Kinder bevorzugen das Spielen allein, und wenn Ihr Kind nicht den Wunsch nach Spielkameraden äußert, besteht kein Handlungsbedarf. Achten Sie also darauf, dass Ihr Kind einen zufriedenen Eindruck macht – egal ob es nun eher ein Einzelgänger ist oder lieber Gesellschaft bevorzugt.

Der Gerechtigkeitssinn als Ressource

Wenn es Krach im Klassenzimmer gibt, dann sind Kinder mit AD(H)S oftmals irgendwie in der Nähe oder involviert. In der Praxis berichten mir Eltern auch oft, dass ihr Kind zur Rede gestellt wurde, obwohl es an den Konflikten gar nicht beteiligt war. Das Kind steckt also oft in einer Schublade, und der Sündenbock ist schnell gefunden, ohne darauf zu hören, was der oder die Beschuldigte dazu zu sagen hat. Glücklicherweise ist das an Schulen nicht zwingend die Regel. Trotzdem empfehle ich Ihnen, Ihrem Kind zu raten, sich grundsätzlich aus Konflikten von anderen Kindern herauszuhalten, wenn es bereits häufiger zu Unrecht beschuldigt wurde, etwas angestellt zu haben.

Viel schöner wäre es natürlich in Konfliktsituationen, wenn man die Ressource von AD(H)S Kindern besser nutzen würde: Kinder mit AD(H)S haben nämlich einen hohen Gerechtigkeitssinn und können es nicht ertragen, wenn Schwächere geärgert werden. Sie sind deshalb sehr gut als Schiedsrichter geeignet.

Rachel geht in die sechste Klasse einer weiterführenden Schule. Sie ist ein hyperaktives Mädchen, spielt leidenschaftlich gern Volleyball und ist auch sonst sehr geschickt in vielen Sportarten. Da kann sie sich richtig gut auspowern. Sie erzählte mir eines Tages, dass es in ihrer Volleyballgruppe ein neues Mädchen gibt. Es sei recht schüchtern und technisch noch nicht so weit wie die anderen Kinder in der Gruppe.

Deshalb werde sie häufig nicht gut in die Gruppe eingebunden und von den anderen geschnitten. Rachel erzählte mir, dass sie das sehr ungerecht findet, und sie trifft sich nun immer außerhalb des Trainings mit ihr, um mit ihr ein bisschen zu üben und ihr einige Tricks zu zeigen.

Um grundsätzlich Konflikten vorzubeugen, ist eine sogenannte Psychoedukation sehr sinnvoll. Das bedeutet, dass sowohl Lehrkräfte als auch Mitschüler*innen ausreichend über AD(H)S informiert und aufgeklärt werden. Regen Sie diesbezüglich Informationsveranstaltungen oder Elternabende an, an denen Sie über sich und Ihr Kind berichten. Sie schaffen damit schon ein Grundverständnis, das ermöglicht, dass Konflikte anders eingeschätzt und bewertet werden.

Wenn ein Kind mit AD(H)S den Unterricht stört, so sollten Lehrkräfte dem Kind die Möglichkeit zu Bewegung geben. Ganz wichtig ist, dass das Kind nicht ausgegrenzt oder bestraft, wird indem es zum Beispiel allein am hintersten Tisch sitzen muss. Das Kind wird dann schlicht ausgegrenzt, was auch die Mitschüler*innen oft übernehmen. Eine menschliche und natürliche Reaktion ist dann, auf sich aufmerksam machen zu wollen. Das Kind wird also noch mehr versuchen, den Unterricht zu stören, frei nach dem Motto »Lieber negative Aufmerksamkeit als gar keine Aufmerksamkeit«. Die Rolle als Klassenclown ist damit sicher. Bei Unterrichtsstörungen helfen kleine Bewegungseinheiten für alle.

LRS, Dyskalkulie und weitere Besonderheiten

Durch ein AD(H)S können sich Begleiterscheinungen ergeben, die im schulischen Alltag zu weiteren Problemen führen. So kann es durch die fehlende Konzentration auch zu Schwierigkeiten im Bereich Lesen und Schreiben sowie beim Rechnen kommen. Hier hilft eine Lerntherapie in der Regel sehr gut. Auch Hochbegabung und Hochsensibilität liegen bei AD(H)S oft nahe. Nicht zuletzt kann begleitend auch Autismus auftreten.

Wenn es durch begleitende Teilleistungsstörungen zu schlechten Noten kommt, gibt es die Möglichkeit, einen Nachteilsausgleich für den Schüler oder die Schülerin mit AD(H)S zu gewährleisten. Das bedeutet, dass beispielsweise die Rechtschreibung in Texten bei der Benotung nicht einbezogen wird. Es wird ausschließlich der Inhalt bewertet. Sie können den Nachteilsausgleich beim Klassenlehrer oder der Klassenlehrerin beantragen. Dann wird an der Schule eine Konferenz einberufen und mit den jeweiligen Lehrkräften ein Nachteilsausgleich beschlossen. Dafür benötigen Sie eine Diagnostik. Ein Nachteilsausgleich kann Ihr Kind entlasten und den Druck insbesondere bei Klassenarbeiten nehmen.

Anders ist es bei pädagogischen Maßnahmen. Diese können Lehrkräfte selbstständig bestimmen. Dazu könnte beispielsweise zählen, dass ein Schüler mit AD(H)S mehr Zeit in Klassenarbeiten erhält. Besprechen Sie also mit der jeweiligen Lehrkraft die Möglichkeiten, die Ihrem Kind helfen und es entlasten könnten.

Lese-Rechtschreib-Schwäche

Eine LRS bezeichnet die Tatsache, dass ein Kind trotz ausreichender Intelligenz das Lesen und Schreiben schlechter erlernt. Der Begriff Legasthenie wird für die Lese-Rechtschreib-Störung benutzt. Hier liegt der Unterschied in der Stärke der Ausprägung – eben ob es um eine Schwäche geht oder um eine Störung. Die Lese-Rechtschreib-Schwäche ist leichter ausgeprägt als die Lese-Rechtschreib-Störung.

Frühe und späte Symptome einer Lese-Rechtschreibschwäche zähle ich im Folgenden auf.

Frühe Symptomatik

Lesen	Rechtschreiben
Schwierigkeiten beim Benennen einzelner Buchstaben	Schwierigkeiten beim Schreiben einzelner Buchstaben
Verdrehung der Buchstabenfolge	Verdrehungen von Buchstaben im Wort
Auslassungen von Buchstaben, Silben und/oder Wörtern	Schwierigkeiten beim lautgetreuen Rechtschreiben
Hinzufügen von Buchstaben, Silben und/oder Wörtern	Auslassungen von Buchstaben, die zu einer Verletzung der Lauttreue führen

Spätere Symptomatik

Lesen:
Worterkennung
Trotz häufigen Übens gelingt es nicht, die Schreibweise von Wörtern zu verinnerlichen und abzurufen. Das führt dazu, dass langsam und fehlerhaft gelesen wird. Je nach Ausprägung der LRS kann die Worterkennung so beeinträchtigt sein, dass auch häufig vorkommende Wörter immer wieder Wort für Wort dekodiert werden müssen. Das führt zu einer verlangsamten Lesegeschwindigkeit:

Verlangsamte Lesegeschwindigkeit (gestörtes automatisiertes Lesen)
Das Kind liest stockend und nicht flüssig.

Lesegenauigkeit
Buchstaben oder ganze Wörter werden überlesen, dadurch entsteht eine Ungenauigkeit in der Textreproduktion.

Beeinträchtigtes Lesesinnverständnis
Durch unterschiedliche Ursachen kann im Lesefluss der Sinn eines Textes nicht behalten werden. Das Arbeitsgedächtnis benötigt zu viele Kapazitäten, um Buchstaben zu entschlüsseln, sodass es keine Möglichkeit zur Abspeicherung des Inhaltes gibt.

Ratestrategien
Das Kind versucht, durch den Wortanfang das gesamte Wort zu erschließen.

Rechtschreibung:
Phonemdiskrimination und -identifikation
Vokallängenwahrnehmung ist wichtig für das Erkennen von langen und kurzen Vokalen, was zu Schwierigkeiten beim Dehnungs-h und der Doppelung führen kann. Darüber hinaus können An- und Auslaute nicht sicher erkannt werden.

Buchstabe-Laut-Zuordnung
Kann einem Buchstaben nicht der korrekte Laut zugeordnet werden, kann es zu Verwechslungen der Buchstaben kommen. Oft geschieht dies bei ähnlich klingenden Buchstaben wie zum Beispiel b-p; d-t; g-k.

Buchstabenverdrehungen
Buchstaben werden gespiegelt und nicht in der korrekten Abfolge geschrieben.

Fehlerinkonstanz
Identische Wörter werden in verschiedenen Schreibweisen innerhalb eines Textes geschrieben.

Orthografische Fehler
Mangelnde Beherrschung des Regelwerkes der deutschen Orthografie.

Textinhalte
Bei der inhaltlichen Gestaltung eines Textes gibt es keine oder kaum Schwierigkeiten.

Neben den Schwierigkeiten im Lesen und Schreiben gibt es häufig auch Schwierigkeiten mit der Schrift. Durch ein zu starkes Aufdrücken kommt es zu einer unlesbaren Handschrift und starken Verkrampfungen in der Hand beim Schreiben.

Sollte Ihr Kind neben einem AD(H)S auch eine LRS haben, was gar nicht so selten vorkommt, dann kann Ihnen eine Lerntherapie weiterhelfen. Ihr Kind erhält in der Lerntherapie individuelle Fördermöglichkeiten, indem anderes Material genutzt wird als das, welches es aus der Schule kennt. Es gibt verschiedene Trainings und kreative Schreibspiele. In jedem Fall ist es wichtig, dass Sie die Förderung einer LRS in die Hände eines Lerntherapeuten beziehungsweise einer Lerntherapeutin geben, denn so erhält Ihr Kind professionelle Hilfe in Sachen Lesen, Schreiben und auch in der Konzentration.

Rechenschwäche

Durch mangelnde Konzentration kann es auch zu Problemen beim Rechnen kommen. Oftmals spielen auch Störungen der visuellen Wahrnehmung dabei eine Rolle. Von einer Dyskalkulie spricht man, wenn es sich statt um eine Schwäche um eine Rechenstörung handelt. Auch hier gilt: Die Schwäche ist die leichtere Ausprägung einer Störung.

Zu den Symptomen der Rechenschwäche gehören:

Zählstrategien und -prozesse	aufwendig und fehleranfällig; keine Eins-zu-eins-Zuordnung von Zahlen zu Objekten; kein Verständnis für die Irrelevanz der Zählabfolge
Vorläuferfertigkeit Mengenverständnis	mangelndes Verständnis für Mengen und Zahlen; Defizite bei Addition/Subtraktion mit Objekten und Probleme mit numerischen Abfolgen
Grundrechenarten	Verwechslungen der Rechenarten und mechanisches Durchführen mit eigenwilliger Logik
Textaufgaben	kein Verständnis für die Lösung von Textaufgaben
ordinale Zahlen	kein Verständnis für Rangordnungen
Seriation	Schwierigkeiten, Elemente in eine vorgegebene Reihe einzuordnen
Mengeninvarianz	kein Verständnis dafür, dass Mengen gleich bleiben können, auch wenn sie äußerlich unterschiedlich aussehen
Größen- und Längenschätzungen	Größen und Längen können nicht geschätzt und erkannt werden

Uhrenlesen	Schwierigkeiten, die Uhrzeit korrekt zu lesen
Formen erkennen	das Erkennen verschiedener geometrischer Figuren gelingt nicht oder nur unzureichend
mentaler Zahlenstrahl	keine Ausbildung eines mentalen Zahlenstrahls
Dezimalsystem und Stellenwertsystem	kein Verständnis für Dezimalsystem und Stellenwertsystem, das führt zu Zahlendrehern: »achtundzwanzig« wird 82 geschrieben und »hundertneun« wird zu 1009
Zahlenzerlegung	Schwierigkeiten in der Bündelung und Zerlegung von Zahlen
konkretes Material	Zählen und Rechnen mit den Fingern. Kinder sind lange darauf angewiesen, konkretes Material beim Rechnen zu nutzen
Simultanerfassung	Schwierigkeiten, kleinere Mengen mit einem Blick zu erfassen, ohne dabei auf das Zählen zurückzugreifen

Ebenso wie die LRS kann eine Lerntherapie bei einer Dyskalkulie sehr hilfreich sein. Es gibt viele, sehr effektive Materialien, die Kindern sehr gut helfen. Dazu gehören insbesondere konkrete Materialien wie Steckwürfel, Rechenstäbchen, Zahlenplättchen, die in Verbindung mit speziellem Trainingsmaterial dazu beitragen, dass Ihr Kind ein Mengenverständnis entwickeln kann. In der Lerntherapie sollte immer darauf geachtet werden, dass das Kind motiviert bleibt und seine Stärken und Ressourcen einbezogen werden. Dann kann eine Dyskalkulie gut bearbeitet werden, und das Kind lernt Strategien, mit denen es im Mathematikunterricht zurechtkommen kann.

Hochbegabung

Es gibt viele Antworten auf die Frage, was denn eigentlich Hochbegabung ist. Einige bezeichnen es als angeborene hohe Intelligenz, andere als eine überdurchschnittliche Entwicklung und Förderung der kognitiven Fähigkeiten, und wieder andere sehen Hochbegabung als das Resultat einer Zuschreibung.

Begabung ist im Grunde das leistungsbezogene Potenzial eines Menschen. Hochbegabung ist demnach ein extrem ausgeprägtes Potenzial, das außergewöhnliche Leistungen erklären kann. Hochbegabung ist nicht direkt beobachtbar, sondern muss anhand von Beobachtungen anderer Sachverhalte erschlossen werden.

Kriterien für eine Hochbegabung

1. Exzellenz

Dies bedeutet, dass eine Person anderen in verschiedenen Bereichen deutlich überlegen ist. Entscheidend ist dabei der Vergleich mit der Altersgruppe.

2. Seltenheit

In der Altersgruppe ist eine hohe Merkmalsausprägung in einem Leistungsbereich eher selten. Das heißt, ein Kind ist in einem Bereich besonders begabt, welcher für die entsprechenden

Gleichaltrigen eher selten ist. Zum Beispiel kann ein Kind mathematische Aufgaben einer deutlich höheren Altersstufe lösen.

3. Produktivität
Die Hochbegabung führt das Kind zu einer besonderen Produktivität, es ist demnach zu besonderen Handlungen befähigt.

4. Beweisbarkeit
Die besondere Leistungsstärke muss durch Tests beweisbar sein. Wird die Begabung nicht in einer anerkannten Form nachgewiesen, kann dem Kind keine Hochbegabung zugesprochen werden.

5. Wert
Das außergewöhnliche Potenzial liegt in einem Bereich, den die Umgebung oder die Kultur wertschätzt.

Festzuhalten ist, dass es eine angeborene Hochbegabung, die sich mit der Zeit einfach so entwickelt, nicht gibt. Außergewöhnliche Begabungen haben demnach mehrere Ursachen. Neben den angeborenen Fähigkeiten sind es langfristig angelegte Lern- und Übungsprozesse, die aber nur dann erfolgsversprechend sind, wenn das Kind motiviert ist und an die eigenen Fähigkeiten glaubt. Wichtig ist dabei eine effektive Anleitung durch geschulte Lehrkräfte und die Unterstützung durch die Umwelt.

Hochbegabung kann häufig in Kombination mit einem AD(H)S auftreten. Hier ist es besonders wichtig, dass die Kinder lernen, ihr Potenzial zu erkennen und auszuschöpfen. Gleichzeitig muss darauf geachtet werden, dass die Kinder nicht unterfordert sind. Langeweile verstärkt die AD(H)S-Symptomatik und führt nicht zuletzt dazu, dass Kinder sich zurückziehen und möglicherweise in eine Verweigerungshaltung gehen. Oder sie versuchen, ihre Langeweile durch auffälliges Verhalten zu kompensieren. Durch eine angemessene Förderung des Kindes kann sich das auffällige Verhalten auflösen, und das Kind kann sein Potenzial voll ausschöpfen.

Hochsensibilität

Hochsensibilität wird aufgrund der ähnlichen Symptomatik häufig mit AD(H)S verwechselt, denn auch hochsensible Menschen neigen dazu, ihre Umgebung deutlicher wahrzunehmen als nicht hochsensible Menschen. Dazu sind sie sehr mitfühlend, klug, intuitiv und kreativ. Häufig fühlen sich hochsensible Kinder und Erwachsene überwältigt von starken Geräuschpegeln oder einem Übermaß an anderen äußeren Reizen, die auf sie einströmen. Auch sie sind, wie AD(H)S-Kinder, durch eine Reizfilterschwäche reizoffen und nehmen Sinneseindrücke viel intensiver wahr als andere. Die Menge an wahrgenommenen Informationen, wie Stimmungen von Mitmenschen, Geräusche, Gerüche etc., sorgt dafür, dass hochsensible Kinder viel Zeit brauchen, um Geschehnisse zu verarbeiten. Stürzen also zu viele Eindrücke auf die Kinder ein, kann es zur Reizüberflutung kommen, und sie fühlen sich erschöpft, geraten in Stress, schirmen sich von der Außenwelt ab oder sind gereizt. Dann signalisieren sie durch Wutausbrüche, Quengeln oder Weinen, dass ihnen gerade alles zu viel wird.

Hochsensibilität zeigt sich anhand von verschiedenen Merkmalen, die sich mit dem Akronym **DOES**[2] zusammenfassen lassen:

Depth of processing (Verarbeitungstiefe, gründliche Informationsverarbeitung)

Die Wahrnehmungsfilter sind bei hochsensiblen Kindern eher niedrig eingestellt. Das bedeutet, dass wesentlich mehr Informationen in das Gehirn von hochsensiblen Kindern gelangen. Sie nehmen also deutlich mehr Einzelheiten und Details wahr als Gleichaltrige. So lässt sich gut nachvollziehen, dass Gefühle deutlich intensiver erlebt werden. Häufig ziehen sich hochsensible Kinder in neuen Situationen zurück, um Beobachtungen und Details gedanklich immer wieder abzuwägen. Damit erwecken Sie den Anschein, als ob sie träumen und in ihrer eigenen Welt versunken sind. Dabei arbeitet das Gehirn aber eigentlich auf Hochtouren, um Handlungsstrategien zu entwerfen. Damit können sich hochsensible Kinder schwer auf schnelle Situationswechsel einlassen. Sie benötigen für Antworten, Entscheidungen und Arbeitsausführungen deutlich mehr Zeit als nicht betroffene Kinder. Dieser Umstand schlägt sich natürlich im Bereich Lernen nieder, denn hochsensible Kinder brauchen durch ihre Bearbeitungsgenauigkeit deutlich länger. Hinzu kommt, dass hochsensible Kinder ganzheitliche Denker sind und jedes Detail verarbeiten, um ein Gesamtbild einer Situation oder eines Sachverhalts zu bekommen.

Overarousability (Übererregbarkeit, Neigung zur Überstimulation)

Durch die schnelle Reizüberflutung sind hochsensible Kinder weniger belastbar und neigen zur schnellen Erschöpfung. Durch die Überstimulation entsteht Stress, der zu heftigen Gefühlsausbrüchen führen kann. Auch ein schlagartig auftretendes Bedürfnis nach Ruhe und Rückzug, psychosomatische Beschwerden oder Unkonzentriertheit können mögliche Folgen sein. Damit sind Ruhepausen für hochsensible Kinder von großer Bedeutung.

Emotional Intensity (emotionale Intensität)

Hochsensible Kinder nehmen Gefühle deutlich stärker wahr. Sowohl Gutes als auch Schlechtes wird außergewöhnlich intensiv empfunden. Außerdem sind hochsensible Menschen sehr empathisch und können sich sehr gut in die Gefühlslage anderer hineinversetzen. Dies kann so weit gehen, dass sie Schmerz oder das Gefühl eines anderen Menschen übernehmen und nachempfinden können. Auch diese Überstimulation kann zu einem schnellen Hochkochen von Emotionen führen.

Sensory Sensitivity (sensorische Empfindlichkeit)

Wie bereits erwähnt, nehmen hochsensible Kinder Informationen verstärkt wahr. Dies kann über einen stark ausgeprägten Tastsinn passieren oder über eine stark ausgeprägte visuelle Wahrnehmung, über einen starken Gehörsinn oder einen fein ausgeprägten Geschmacks- und Geruchssinn.

Bei einem ausgeprägten Tastsinn werden die Informationen und Reize über die Haut detailliert wahrgenommen. So spüren die Betroffenen zum Beispiel die Beschaffenheit eines bestimmten Materials viel starker. Dabei kann es zu Überreaktionen kommen, wenn die Art des Kleidungsstoffes nicht dem entspricht, wie es das Kind für angenehm empfindet. Schmutzig werden, in Matsch greifen oder das Benutzen von Fingerfarben wird von hochsensiblen Kindern eher vermieden.

Wenn die visuelle Wahrnehmung besonders ausgeprägt ist, wird das hochsensible Kind Details aus der Umgebung mit den Augen besonders wahrnehmen. Es kann Veränderungen eines Gegenstandes im Raum sofort sehen. Visuell hochsensible Kinder sind besonders bildhafte Denker und lieben Farben und Formen.

Hochsensible Kinder nehmen selbst feinste und leiseste Geräusche wahr. Häufig sind sie musisch äußerst begabt. Natürlich bedeutet dies im Umkehrschluss, dass ein hoher Lärmpegel zu starkem Stress führen kann.

Hochsensible Kinder sind durch einen starken Geruchssinn von

Geruchsvielfalt überwältigt und schmecken feine Nuancen in Gerichten, obwohl diese im Essen kaum zu erkennen sind. Im Grunde sind hochsensible Kinder Fein-Schmecker, was jedoch auch dazu führen kann, dass sie heikle Esser sind.

Hochsensible Kinder haben eine Reihe von Stärken und wertvolle Fähigkeiten. Zusammengefasst sind dies unter anderen:

- gutes Einfühlungsvermögen
- ausgeprägte Intuition
- starker Gerechtigkeitssinn
- Kreativität
- hochentwickelte Detailwahrnehmung
- ausgeprägte Sozialkompetenz
- Reflexionsfähigkeit

Wie man an dieser Liste gut sehen kann, trifft vieles davon auch auf AD(H)S-Kinder zu. Seien Sie also besonders aufmerksam, wie sich die Symptome Ihres Kindes im Detail äußern. Das gilt auch für das Thema Autismus.

Autismus

Autismus ist eine Störung, die häufig eine genetische Ursache hat. Die Besonderheiten der autistischen Wahrnehmung können folgendermaßen beschrieben werden:

- Betroffene nehmen Details und Einzelheiten bevorzugt wahr, und zwar auf Kosten der Erfassung des Gesamtzusammenhangs.
- Sie benutzen bevorzugt einen Sinneskanal, und das Benutzen zweier Sinneskanäle gleichzeitig fällt ihnen schwer.
- Die Benutzung eines bevorzugten Sinneskanals führt zur Vernachlässigung der anderen Sinneskanäle.

- Der Wechsel von einem Sinneskanal zum anderen ist nur erschwert oder nur verzögert möglich.
- Bestimmte Sinnesqualitäten können überempfindlich sein (z. B. Lärm), andere vermindert empfindlich (z. B. Kälte oder Schmerz).
- Das Interesse richtet sich nur auf ein oder ganz wenige Gebiete.
- Autistische Menschen haben eine mangelnde Flexibilität und sind oft einem eingeschlagenen Lösungsweg oder einer ganz bestimmten Erwartung verhaftet.
- Oft bevorzugen sie das logisch-rationale gegenüber dem intuitiven Denken.
- Ihre Sichtweise zeichnet sich oft durch eine starke Einengung auf die eigene egozentrische Wahrnehmung aus, die Sichtweise von anderen wird dabei vernachlässigt.
- Autistische Menschen haben Schwierigkeiten, komplexe sprachliche Botschaften zu verstehen, und verstehen dadurch häufig Ironie nicht.
- Auffällig sind auch Probleme, zwischenmenschlichen Kontakt aufzunehmen und sich auszutauschen. Der Blickkontakt fällt in Gesprächen schwer oder kann von Autisten nicht gehalten werden.
- Das zielstrebige Durchführen von Handlungen gelingt autistischen Kindern nur schwer. Andererseits kann das autistische Denken auch von Vorteil sein, wenn es darum geht, wissenschaftliche Forschung zu betreiben oder irgendeine sehr spezialisierte Tätigkeit auszuführen.

Sollte Ihr Kind neben einem AD(H)S auch autistische Züge aufweisen, dann gibt es Autismus-Therapien, die ein AD(H)S gleichzeitig mitbehandeln können. Beratungen finden Sie in Autismus-Zentren, die Sie über das Internet leicht recherchieren können.

Jugendliche und AD(H)S

Wie ich anfangs bereits beschrieben habe, verwächst sich AD(H)S nicht. Jugendliche mit einem AD(H)S zeigen in der Regel eine Verschiebung der Symptomatik. Die sichtbare Hyperaktivität verwandelt sich in ein Gefühl der inneren Unruhe. Junge Erwachsene mit AD(H)S haben oftmals Planungs- und Ordnungsdefizite, und sie haben Schwierigkeiten, soziale Kontakte zu knüpfen oder zu pflegen. Hauptaufgabe in diesem Lebensabschnitt ist die Identitätsfindung, die sich im Zusammenspiel mit der Umwelt ausbildet. Jugendliche mit AD(H)S können dabei häufig in Konflikte oder Auseinandersetzungen mit Autoritäten geraten. Durch ihr Verhalten kann es dazu kommen, dass sie ausgegrenzt werden, was wiederum zu Krisen in der Selbstwertentwicklung führt. In einer Beobachtungsstudie fanden Forscher heraus, dass 14-jährige AD(H)S-betroffene Jugendliche mit Lernstörungen im Vergleich zu ausschließlich lerngestörten Jugendlichen deutlich mehr oppositionelles Verhalten und ein geringes Selbstwertgefühl zeigen.[1]

Wie können Eltern ihren Teenager ressourcenorientiert fördern?

Die Pubertät ist für viele Jugendliche mit und ohne AD(H)S eine besondere und oft auch herausfordernde Zeit, in der maßgebliche »Umbauarbeiten« im Gehirn stattfinden. In dieser Zeit kann nun Folgendes passieren: Ein eher introvertiertes Träumerchen kann sich zum aufmüpfigen, lauten Teenager entwickeln, und die hyperaktiven Rabauken-Kinder können zu lammfrommen, stillen Jugendlichen mutieren. Der Mensch ist eine Wundertüte, und niemand weiß, wie die Pubertät eines Kindes verlaufen wird. Wichtig in dieser Phase ist aber besonders, dass Sie sich darauf einstellen, dass es anstrengend werden kann. Und bedenken Sie, dass in jeder Lebensphase gilt, Verständnis und Fürsorge zu geben, wenn es Ihr Kind am meisten braucht – nämlich dann, wenn es gerade selbst nicht weiß, was mit dem eigenen Körper im Moment geschieht.

Ein alltägliches Problem, das immer wieder in den Gesprächen mit Eltern betroffener Kinder auftaucht, ist das Chaos im eigenen Zimmer. Sieht das Zimmer Ihres Sprösslings mehr nach Urwald als nach Jugendzimmer aus? Glauben Sie, dass man in diesem Zimmer überhaupt nichts wiederfinden kann? Dann sind Sie sicher komplett anderer Meinung als Ihr Kind. Von AD(H)S betroffene Menschen können zu Unorganisiertheit neigen, die auf andere unübersichtlich wirkt. Die betreffenden Menschen finden aber alles, was sie brauchen, und dann wird die Argumentation schwierig: Warum soll ich ein Zimmer aufräumen, wenn ich doch alles wiederfinde? Wer definiert denn eigentlich das Wort »Ordnung«? Wenn ich mich in meinem eigenen Reich wohlfühle, sollte doch alles in Ordnung sein. Und im Grunde stimmt das auch.

Deshalb sollten Sie im Haus klare Regeln aufstellen. Die Räume, die von der gesamten Familie genutzt werden, müssen ordentlich behandelt werden. Das bedeutet, dass ich einen Raum so verlasse, wie ich ihn vorgefunden habe. Das eigene Zimmer darf aber so gehalten werden, wie es den eigenen Ansprüchen genügt. Kleine Ausnahme: Lebensmittel, die verderben könnten, haben im Zimmer nichts zu suchen oder müssen sorgfältig entsorgt werden. Geschirr gehört der gesamten Familie und darf nicht wochenlang einbehalten werden. Das Gleiche gilt auch für die Wäsche. Ich gehe mal davon aus, dass Ihr Teenager noch nicht selbst für saubere Wäsche sorgen muss. Jedoch sollte er oder sie schon in der Lage sein, seine schmutzige Wäsche in einen Wäschekorb oder Ähnliches zu legen. Es könnte sein, dass Ihr Kind hin und wieder Unterstützung von Ihnen benötigt, indem Sie es gelegentlich an die Schmutzwäsche erinnern.

Helfen Sie Ihrem Kind dabei, sich zu organisieren! Ein AD(H)S-Teenager, der noch Hilfe in Form von Erinnerungen an das Aufräumen oder an das Herauslegen der Schmutzwäsche benötigt, wird nicht automatisch zu einem unordentlichen Erwachsenen, der keinen eigenen Haushalt führen kann. Jugendliche lernen dies eher durch Ihre Anleitungen, und früher oder später wird ein Sinn für die eigene Ordnung eintreten.

Die Pubertät bedeutet auch Identitätsfindung. In kaum einem anderen Lebensabschnitt ist die Suche nach dem eigenen Ich größer als in dieser Zeit. Der Prozess der Selbstfindung kann ganz unterschiedlich ausfallen – die einen wechseln täglich den Berufswunsch, die anderen haben permanent neue Kleidungsstile. Gerade Jugendliche mit AD(H)S sind sehr interessiert an vielen Dingen, sodass die Entscheidung für die eine oder andere Richtung schwerfallen kann. AD(H)Sler*innen sind meist offen für neue Erfahrungen, möchten sich nicht gern festlegen und probieren sich deshalb gern aus. All das sind auch Ausdrucksformen für ein Bedürfnis: Die Jugendlichen wollen selbstbestimmter handeln. Schwierig wird es, wenn dieser Drang zur Selbstbestimmung im starken Widerspruch zu den eigenen Fähigkeiten steht. Trotzdem ist es wichtig, dass die Kinder Selbstverantwortung, Freiheit und Unabhängigkeit erleben.

Der Psychoanalytiker Erik Erikson hat ein Stufenmodell zur psychosozialen Entwicklung aufgestellt. Während auf den ersten vier Stufen Vertrauen, Autonomie, Initiative und das Bedürfnis, etwas Gutes und Nützliches zu machen (Werksinn), wichtig sind, geht es auf der fünften Stufe um Ich-Identität und Ich-Identitätsdiffusion. Erikson geht davon aus, dass sich der Mensch in jeder Phase seines Lebens mit gewissen Erfahrungen auseinandersetzen muss. Ganz wichtig dabei ist eine gewisse Balance zwischen positiven und negativen Erfahrungen. Diese sorgt dafür, dass der Mensch nicht zu einem Extrem aufseiten einer Erfahrung tendiert. Ein gutes Mittelmaß auf allen Stufen und im Umgang mit allen Erfahrungen ermöglicht eine gewisse Zufriedenheit im Alltag und mit sich selbst.

Und hier sind Sie gefragt. Sie brauchen ein bisschen Fingerspitzengefühl, gutgemeinte Führung und respektvolles Abwarten. Mit ausreichend Toleranz wird Ihr jugendliches AD(H)S-Kind Ihnen dankbar sein, wenn es sich auch mal ausprobieren darf und Sie gleichzeitig schützend hinter Ihrem Kind stehen.

> Ein Kind, das weiß, dass die eigenen Eltern unter allen Umständen Interesse an ihm haben, ist wesentlich schneller bereit, sich lenken und anleiten zu lassen.

Toleranz gilt auch, wenn Ihr Kind sich bei seinen Essgewohnheiten ausprobieren möchte. Vegane Ernährung klingt spannend, deshalb probieren viele Jugendliche dies aus. Einige bleiben dabei und entwickeln dadurch eine Lebenseinstellung, andere merken, dass diese Weise der Ernährung nichts für sie ist. Lassen Sie Ihr Kind sich ausprobieren. Achten Sie natürlich weiterhin darauf, dass Ihr AD(H)S-Teenager sich weiterhin gesund und ausgewogen ernährt.

Das Gleiche gilt für den Schlafrhythmus. Viele Jugendliche mit AD(H)S werden gegen Abend noch einmal richtig wach, da sie die gesammelten Eindrücke des Tages aktiv zu verarbeiten beginnen. Das Einschlafen vor Mitternacht wird da oft unmöglich. Natürlich kollidiert dies mit den Schulzeiten, und müde Teenager sind in der Regel recht gereizt. Unterstützen Sie Ihr Kind in einem regelmäßigen Schlafrhythmus. Versuchen Sie, Ihrem Kind klarzumachen, dass an Wochentagen ein früheres Zu-Bett-Gehen notwendig ist, und lassen Sie Ihr Kind am Wochenende selbst entscheiden, wann es schlafen möchte. Wenn das Einschlafen unmöglich ist, fördern Sie eine gesunde Schlafhygiene: kein Handy- oder Tablet-Gebrauch kurz vor dem Schlafengehen. Auch keine Computerspiele oder Fernsehen. Besser sind andere Rituale wie zum Beispiel Lesen, ein Hörspiel oder andere ruhige Beschäftigungen ohne medialen Gebrauch. Übergangsweise können auch pflanzliche Schlafmittel (Baldrian, Melisse, Lavendel etc.) zum Einsatz kommen.

Digitale Medien sind auch in dieser Lebensphase weiter interessant, und der Anreiz ist mehr als groß. Dahinter stehen drei verschiedene Bedürfnisse, die wir nicht unterschätzen sollten:

- **Kognitive Bedürfnisse** (Information, Wissen, Verstehen): Durch die Nutzung des Internets, sei es an Handy, Tablet oder Computer, eignen sich viele Jugendliche Wissen an. Eigene Interessen, aber auch schulische Themen können damit in Erfahrung gebracht und vertieft werden. Die Informationen sind jederzeit verfügbar, was gerade Jugendliche mit AD(H)S sehr zu schätzen wissen. Ihr »Wissenshunger« kann also sehr schnell gestillt werden.

- **Affektive Bedürfnisse** (Spaß, Entspannung, Stimmungsregulation, Zeitvertreib): Apps und Spielchen können jederzeit und überall gespielt werden. Gerade Menschen mit AD(H)S halten Langeweile nicht besonders gut aus. Da liegt es nahe, Wartezeiten mit einem Spiel am Handy zu überbrücken.
- **Integrative/interaktive Bedürfnisse** (Kontakt, Beziehungspflege, soziale Orientierung): Klassengruppen, Chats und das schnelle Verschicken von Nachrichten sind für die soziale Kommunikation wichtig. Die Jugendlichen halten damit ihre sozialen Beziehungen aufrecht. Ein AD(H)Sler profitiert davon sehr, denn auch ein eher zurückgezogener Jugendlicher hat so die Möglichkeit, mit seinen Mitschüler*innen in Kontakt zu bleiben, auch wenn er physisch eher nicht gern den Kontakt sucht.

Auch beim Thema Medien ist es wichtig, dass Sie mit Ihrem Kind kommunizieren. Eltern haben meist ein geringeres Interesse an digitalen Medien als ihre Kinder. Das führt manchmal zu einer großen Lücke zwischen Eltern und Kind. Versuchen Sie, diese Lücke möglichst klein zu halten, indem Sie auf Ihr Kind zugehen und Interesse zeigen. Lassen Sie sich die Dinge zeigen, mit denen sich Ihr Kind beschäftigt, und lassen Sie sich davon erzählen.

- Erklären Sie Ihrem Kind den Sinn von Medienangeboten. Kinder und Jugendliche müssen erst lernen, wozu welches Internetangebot einlädt.
- Helfen Sie bei der Auswahl angemessener Medienthemen – dabei geht es um die Vermeidung bedrohlicher, ängstigender Themen und das Hinführen zu interessanten, reizvollen Themen.

Zu Ihren Aufgaben in Bezug auf Medien gehört:

- wichtige Begriffe und Inhalte erklären
- übermäßigen Medienkonsum vermeiden
- über Gefahren sprechen
- Vorbild sein
- sinnvolle Nutzung von Internet und neuen Medien zeigen
- im Gespräch bleiben

Erklären Sie Ihrem Kind die Nachteile von (übermäßigem) Medienkonsum:

- Informations- und Wissensfluten sowie ein großer Wissensspeicher im Netz machen die Einteilung von Informationen in wichtig und unwichtig schwierig.
- Die Fähigkeit, die Medien so zu nutzen, dass sie das Leben bereichern, statt es zu bestimmen, ist Kindern und Jugendlichen nicht angeboren und muss erst erlernt werden.
- Glaubwürdigkeit der Quellen: Eine Medienerziehung muss erfolgen, um Medienkompetenz zu erwerben.
- Erreichbarkeit und Verfügbarkeit rund um die Uhr (Handy, E-Mail-Postfach) sollte vermieden werden.

Digitale Medien sind an sich kaum auf Ganzheitlichkeit ausgerichtet. Sehen und Hören sind die einzigen Kanäle, die dabei angesprochen werden. Haptische Erfahrungen oder Riechen und Schmecken kommen dabei zu kurz. Deshalb ist es wichtig, den Umgang mit digitalen Medien zwar nicht zu verbieten, aber möglichst gering zu halten.

Wenn der Teenager auf Distanz geht

»Dein Kind testet dich!« oder »Es versucht seine Grenzen bei dir auszutesten!« sind vielleicht Sprüche, die Ihnen bekannt vorkommen könnten. Die Antwort darauf: Nein, Ihr Kind testet Sie nicht bewusst, sondern möchte in der eigenen Entwicklung unterstützt werden. Und genau das könnte Ihnen besonders dann schwerfallen, wenn Sie selbst in der Phase, in der Ihr Kind derzeit steckt, Schwierigkeiten hatten.

Die Beziehungsgestaltung zwischen Eltern und Kind verläuft meist eher unbewusst und intuitiv. Doch manchmal kann es insbesondere in der Pubertät dazu kommen, dass diese Intuition ins Schwanken gerät, denn Jugendliche mit AD(H)S haben einen starken Willen, den sie beim Erwachsenwerden ganz besonders durchsetzen wollen. Dann ist es erst recht wichtig, die unbewusste Haltung auf eine bewusste Ebene zu heben. Dabei können folgende Prinzipien helfen:

- **Sicherheit aufbauen:** Schaffen Sie gemeinsam einen Raum, in dem jeder Anwesende alles sagen darf und gleichzeitig vor Verletzungen geschützt ist. Alle sollten hier Sicherheit spüren, angenommen zu werden.
- **Verständnis füreinander entwickeln:** Ermöglichen Sie, dass alle Perspektiven benannt werden können, und versuchen Sie immer wieder, die Perspektiven auch mal zu wechseln. Wichtig dabei ist, dass die unterschiedlichen Sichtweisen aller Familienmitglieder verstanden werden und damit nachvollziehbar sind. Entwickeln Sie Lösungsideen immer gemeinsam!
- **Bedürfnisse wahrnehmen:** Sowohl Eltern als auch Jugendliche haben in dieser Phase des Lebens ihre je eigenen Bedürfnisse. Diese sollten wahrgenommen und kommuniziert werden, und es sollte

immer auch besprochen werden, wie man die mitunter gegensätzlich erscheinenden Bedürfnisse gemeinsam unter einen Hut bringen kann.
- **Ausprobieren:** Alle besprochenen Vereinbarungen aus den vorangegangenen Schritten werden ausprobiert und im Alltag erprobt.

Sollte etwas von den Schritten nicht klappen, dann probieren Sie es erneut. Hier ist Geduld gefragt, denn wir sind alle nicht immer in der gleichen emotionalen Verfassung. Stellen Sie es sich wie ein Training vor – mit der Übung werden die Abläufe immer geläufiger.

Gemeinsame Bindungserfahrungen

Um die Bindung zueinander zu stärken, könnten Ihnen folgende Punkte helfen:

- Finden Sie neue Rituale! Mit Eintreten der Pubertät verändern sich die gemeinsamen Momente, die Nähe schaffen. Bei kleineren Kindern sind es das Vorlesen vor dem Einschlafen, das Singen von Liedern oder die Kuschelzeiten am Morgen. Finden Sie neue gemeinsame Rituale: Bereiten Sie am Wochenende eine Mahlzeit gemeinsam vor oder finden Sie eine Serie, die Sie zusammen anschauen können. Sie brauchen nun Rituale für große Kinder.
- Wagen Sie etwas Neues! Wagen Sie gemeinsam etwas, was Sie noch nicht versucht haben. Jugendliche mit AD(H)S sind sehr offen für aufregende neue Erfahrungen und fordern diese regelrecht ein. Wenn Sie gemeinsam ein Erlebnis schaffen,

das für Sie und Ihr Kind Neuland ist, verbindet das enorm. Das könnte das Klettern sein, das Ausreiten oder andere abenteuerliche Erlebnisse.

- Erzählen Sie von sich! Wenn Sie Ihrem Kind erzählen, wie es Ihnen in der eigenen Pubertät ging, wird es sich gut aufgehoben fühlen, und das stärkt die Bindung zueinander. Auch wenn die Kinder gerade bei der eigenen Identitätsfindung sind, sind Sie ihre Wurzeln, und es wird sie sehr interessieren, wie die eigenen Eltern ihre Pubertät erlebt haben.
- Bauen Sie ein Netzwerk auf! Eine enge Zusammenarbeit zwischen Eltern und Lehrer*innen und darüber hinaus mit weiteren Fachkräften hilft dabei, Jugendliche mit AD(H)S grundsätzlich gut versorgen zu können. Im Lehrerkollegium wird es zweifelsohne Kolleg*innen geben, die keine tolerante Meinung über den AD(H)S-Jugendlichen haben.

Hilfe bei Liebeskummer

In der Pubertät kommen neue Themen in das Leben Ihres Kindes, aber auch in Ihr Leben. Mit dem Interesse am anderen Geschlecht kann es auch mal zu Liebeskummer kommen. Vielleicht erinnern Sie sich selbst an die Gefühle Ihres ersten Liebeskummers und wissen noch, wie schmerzhaft dieser sein kann. In dieser Zeit braucht Ihr Kind besondere Fürsorge und Verständnis von Ihnen. Eine gute Bindung ermöglicht, dass Sie Ihr Kind mit seinen Emotionen besonders unterstützen können.

Kerstin ist 16 Jahre alt und bis über beide Ohren in Alexander verliebt. Beide treffen sich nun schon eine ganze Weile, und jeden Tag schwärmt sie ihren Eltern vor, wie toll ihr Freund ist. Er ist fürsorglich und »einfach nur cool«. Er sieht super aus und wird von allen Mitschülern bewundert. Doch eines Tages kommt Kerstin nach Hause und ist wütend und außer sich! Alexander hat Schluss gemacht – und das mit einer kurzen Sprachnachricht über das Handy. Er habe keine Gefühle mehr für sie und mache deshalb Schluss, sei die einzige Erklärung gewesen. Nach dem ersten Wutanfall zieht sich die sonst schon so verträumte Kerstin völlig in ihr Schneckenhäuschen zurück. Stundenlang liegt sie auf ihrem Bett und hört Musik, träumt vor sich hin und wirkt antriebslos.

Das, was Kerstin da durchmacht, erleben viele Jugendliche, egal ob mit oder ohne AD(H)S. Allerdings können besonders emotionale Erlebnisse die Symptomatik bei von AD(H)S betroffenen Jugendlichen verstärken. Das bedeutet, ein Träumerchen, so wie Kerstin aus unserem Fallbeispiel, verbannt sich noch mehr in ihre Traumwelt, und die eher hyperaktiven Menschen verspüren noch mehr Bewegungsdrang oder reagieren impulsiv.

Nun ist Ihre Geduld gefragt, denn Ihr Kind könnte in dieser Lebensphase nicht so empfänglich für Zuwendungen sein. Versuchen Sie folgende Tipps zu beachten:

- Versuchen Sie, nichts persönlich zu nehmen. Ihr Kind handelt momentan sehr emotional und ist sich vielleicht dadurch nicht bewusst, was er oder sie äußert.
- Nehmen Sie Ihr Kind mit seinen Gefühlen ernst. Belächeln Sie es auf keinen Fall und tun Sie sein Erleben nicht als »Kinderkram« ab.

- Erinnern Sie sich an Ihren Liebeskummer in der Jugend. Was hat Ihnen damals geholfen? Geben Sie diese Erfahrungen an Ihr Kind weiter. Und führen Sie es fort: Was Ihnen damals gutgetan hat, wird auch Ihrem Kind guttun – mehr davon und weniger von den Dingen, die kontraproduktiv sind.
- Zeigen Sie Mitgefühl. Zeigen Sie Ihrem Kind, dass Sie nachempfinden können, was es gerade durchmacht. Seien Sie authentisch, und versuchen Sie gleichzeitig, lösungsorientiert zu bleiben.
- Übernehmen Sie Verantwortung, und bewahren Sie damit Ihr Kind vor »kopflosen« Entscheidungen. Klären Sie Ihr Kind darüber auf, was in solchen Situationen gut ist und was möglicherweise Grenzen überschreitet.

Einen wichtigen Punkt, den Sie nicht unterschätzen sollten: Das Selbstwertgefühl eines Teenagers mit Liebeskummer ist ganz schön angekratzt. In dieser Phase und auch sonst sollten Sie Ihr Kind stets darin unterstützen, das eigene Selbstwertgefühl weiterzuentwickeln und zu stärken. Vermitteln Sie Ihrem Kind, dass es intelligent und liebenswert ist. Manchmal können ein banaler Friseurbesuch oder ein neues Hobby helfen, sich abzulenken, Spaß zu haben und sich selbst wieder mehr zu mögen.

ÜBUNG

Selbstwert stärken

Bei einem Erfolgserlebnis, aber auch bei Misserfolg ist es wichtig, dass Ihr Kind lernt, die Situation realistisch zu betrachten. Bei einem konkreten Ereignis fordern Sie Ihr Kind auf, einen Brief in Du-Form an sich selbst zu schreiben. Darin formuliert es, warum es zu diesem Ergebnis gekommen ist.

Dabei können Sie Ihr Kind unterstützen, sich folgende Fragen zu stellen:

Bei Erfolg: Was hat dazu beigetragen? Welche Stärken und Ressourcen haben mir dabei geholfen? Wofür möchte ich mich am meisten loben?

Bei Misserfolg: Was habe ich trotzdem gut gemacht? Was könnte ich beim nächsten Mal anders machen?

Achten Sie darauf, dass Ihr Kind den Brief möglichst positiv formuliert. Es sollte sich keineswegs dabei niedermachen.

AD(H)Sler*innen sind außergewöhnliche Menschen mit vielen tollen Eigenschaften. Unterstützen Sie Ihr Kind also auch dabei, dass es gegen den Strom schwimmt – es muss nicht immer angepasst sein und der Gruppe folgen. Helfen Sie Ihrem Kind dabei, seinen eigenen Look zu entwickeln oder zu den Interessen zu stehen, die es hat.

Bleiben Sie da, wenn Ihr Kind Sie braucht. Es ist in dieser Lebensphase nicht leicht, den Zugang zu einem Jugendlichen zu bekommen, aber von unglaublicher Bedeutung!

Welche Therapie passt zu uns?

Wenn Sie für Ihr Kind die Diagnose AD(H)S erhalten haben, geht es mit der Suche nach der richtigen Therapie los. Und es ist nicht immer einfach, in der Vielfalt der möglichen Angebote das Passende zu finden. Die wichtigste Frage dabei ist natürlich, welche Therapieform die richtige für Ihr Kind ist. Lassen Sie sich nicht durch die vielfältigen Möglichkeiten verunsichern. Manchmal muss man auch das ein oder andere ausprobieren, um die richtige Therapie zu finden. Das Wichtigste ist, dass Sie sich auf Ihrem Weg nicht entmutigen lassen, denn auch wenn der Weg zur richtigen Therapieform manchmal kurvig ist: Sie werden ihn finden!

Hinsichtlich der Behandlung wird zwischen patienten-, eltern-/familien- und schulorientierter Intervention unterschieden. Wie ich schon zu Beginn dieses Buches geschrieben habe, hat sich die multimodale Therapie als sehr effektiv erwiesen. Das bedeutet, dass eine einzige Therapie nicht sinnvoll ist und daher immer mehrere Behandlungsformen kombiniert und individuell aufeinander abgestimmt werden, wobei alle drei Zielgruppen – Patient*in, Eltern und Schule – einbezogen werden. Wichtig ist, dass eine AD(H)S-Therapie auf verschiedene Bereiche abzielt. Dabei werden die typischen Symptome vermindert und begleitende Störungen in die Therapie eingebunden. Im Fokus steht auch die Verbesserung oder Wiederherstellung der sozialen Kompetenzen, wofür die Einbeziehung des sozialen Umfeldes bei jeder Behandlung wichtig ist. Im Kindesalter spielen hier Familie und Schule eine große Rolle. Im Folgenden möchte ich Ihnen einen Überblick über die verschiedenen Therapieansätze geben.

Welche Therapien haben Ihrem Kind geholfen?

Mein Sohn hat super vom Neurofeedback-Training profitiert. Es hat ihm großen Spaß gemacht, und er konnte sich die Animationen, die er dabei anschauen musste, immer selbst aussuchen. *Natascha, Mutter von Chris, 13, ADHS*

Da meine Tochter auch eine Dyskalkulie hat, sind wir zur Lerntherapie gegangen. Dort lernt sie, sich zu konzentrieren, und mit dem Rechnen klappt es auch schon besser. *Nico, Vater von Kira, 11, ADHS*

Wir haben unsere Kinder dazu animiert, Sport zu machen. Ohne Auspowern geht es bei ihnen nicht, und inzwischen gehen sie zum Fußball, Schwimmen und Karate. Für unsere Kinder die beste Therapie, die es gibt. *Doris, Mutter von Jan, 9, und Theo, 11, beide ADHS*

Für die Motorik haben wir es mit Ergotherapie versucht. Unsere Tochter geht sehr gern hin, und man merkt, dass sie sich motorisch echt verbessert. *Martin, Vater von Rieke, 12, ADS*

Psychotherapie

Besonders im Vorschulalter ist eine Psychotherapie einer Therapie mit Medikamenten vorzuziehen. Eine Psychotherapie im Kindes- und Jugendalter muss dabei immer auf die individuelle Entwicklung abgestimmt sein. Wichtig bei der Psychotherapie ist die Fokussierung auf das »Hier und Jetzt«, denn die Schwierigkeiten und Probleme sind weniger durch zurückliegende Ereignisse bestimmt, wie Sie es vielleicht aus der Psychoanalyse kennen. Sicherlich spielen Erfahrungen in der Therapie auch eine Rolle, dennoch sollte der Blick eher auf Veränderungen der aktuellen Situation gerichtet werden. In einer Kinderpsychotherapie wird das Führen von Gesprächen häufig mit dem gemeinsamen Spielen verbunden. Der Psychotherapeut oder die Psychotherapeutin versucht dabei, durch eigene Antworten Lösungswege für Konflikte zu entwickeln oder durch Rollenspiele mit dem Kind gemeinsam zu erarbeiten. Hat ein von AD(H)S betroffenes Kind beispielsweise negative Erfahrungen im Sozialkontakt gemacht, die es nun belasten, können diese aufgearbeitet werden.

Verhaltenstherapie

Die Verhaltenstherapie ist die zentrale und am besten erforschte Behandlungsmöglichkeit innerhalb der (multimodalen) AD(H)S-Therapie. Eine verhaltenstherapeutische Behandlung ist auf jeden Fall empfehlenswert, da Ihr Kind konkrete Handlungsmöglichkeiten lernt. Besonders wirkungsvoll ist eine Verhaltenstherapie, wenn impulsive Kinder auf Aufforderungen nicht reagieren und Lehrkräfte oder Eltern nach mehrfacher Wiederholung ihrerseits ebenfalls aggressiv reagieren. Für das Durchbrechen eines solchen Kreislaufes sind schul- oder familienzentrierte Behandlungen hilfreich.

Sehr wirkungsvoll im Rahmen der Verhaltenstherapie sind Elterntrainings. Ein Beispiel ist die Parent-Child Interaction Therapy (PCIT), eine strukturierte Kurzzeittherapie (10 bis 16 Sitzungen) für Kinder im Vorschulalter zwischen zwei und sieben Jahren. Im Fokus dieser Therapie steht die Eltern-Kind-Interaktion, wenn Kinder verweigerndes und aggressives Verhalten oder Aufmerksamkeitsstörungen zeigen. Die Therapie besteht aus verschiedenen Blöcken, Spiel- und Verhaltenstherapie werden miteinander kombiniert. Nach einer ausführlichen Aufklärung über das Störungsbild werden die Inhalte mit dem Therapeuten oder der Therapeutin aktiv trainiert. Zuerst wird der Beziehungsaufbau zwischen Kind und Eltern gestärkt (Block 1), anschließend beginnt die Veränderung des Verhaltens (Block 2). Nach einer Abschlussdiagnostik können weitere Termine für die Aufrechterhaltung der Veränderungen vereinbart werden (Block 3). Studien von Alexander von Gontard[1] konnten zeigen, dass es bei dieser Therapie deutliche Verbesserungen hinsichtlich des aggressiven Verhaltens im Sozialverhalten gab und sich auch das Verhalten zu Hause, im Kindergarten oder auch in der Schule gebessert hat.

Zu den verhaltenstherapeutischen, patientenzentrierten Behandlungsformen zählen folgende Verfahren:

Motivationsaufbau

Zentral in jeder kindzentrierten Behandlung ist die Vermittlung von Strategien zum Motivationsaufbau und die Befähigung, den Leidensdruck in Behandlungsmotivation umzuwandeln. Mit spielerischen Mitteln wird zunächst eine Beziehung zum Therapeuten bzw. zur Therapeutin aufgebaut, um dann gezielt am Störungsbild zu arbeiten.

Konzentrations- und Selbstinstruktionstraining

Hier werden die Selbstregulationsfähigkeiten gestärkt und Strategien zur reflexiven Problemlösung erarbeitet. Ziel ist es, durch eine verbesserte Verhaltenssteuerung die Aufmerksamkeit anhaltend zu steuern, Handlungspläne zu entwickeln und Aufgaben besser lösen zu können.

Spieltraining

Im Alter von drei bis sechs Jahren wird die Steigerung von Spiel- und Beschäftigungsintensität und -ausdauer gefördert. Spieltrainings eignen sich dafür hervorragend.

Soziale Kompetenztrainings

In diesem Training wird sozial kompetentes Verhalten bei der Aufnahme und Aufrechterhaltung sozialer Kontakte trainiert, und es werden Möglichkeiten zur Lösung sozialer Konflikte aufgezeigt.

Selbstmanagementmethoden

Selbstbeobachtung ist eine Methode, die sich besonders für Jugendliche eignet. Sie werden angeleitet, sich in ihrer natürlichen Umgebung hinsichtlich ihrer Verhaltensproblematik zu beobachten. Es werden Teilziele erarbeitet, wie sich der Patient oder die Patientin in bestimmten Situationen in naher Zukunft verhalten möchte. Methodisch wird dabei stark mit positiver Verstärkung gearbeitet. Das Therapieprogramm für Jugendliche mit Selbstwert-, Leistungs- und Beziehungsstörungen (SELBST) eignet sich sehr gut für Jugendliche mit AD(H)S und Leistungsstörungen. Dabei wird die oftmals unzureichende Anstrengungsbereitschaft therapiert, und es werden Lernstrategien zur Verminderung von Problemen der Lernorganisation und des Lernverhaltens vermittelt. Das Training hilft aber auch, den Abbau von Störverhalten im Unterricht und eine verbesserte schulische Mitarbeit zu erzielen.

Von AD(H)S betroffene Kinder, Jugendliche und Erwachsene können Schwierigkeiten beim Abwarten haben, bei der Unterdrückung von Reaktionen (Impulsivität), bei der Planung von Handlungen und beim Belohnungsaufschub. Auf eine Belohnung zu warten wird als negativ empfunden und somit vermieden, oder die Zeit des passiven Wartens wird mit impulsiven Handlungen gefüllt. An dieses Verhalten knüpft das Training der Selbstinstruktion an. Dabei lernen die Kinder und Jugendlichen durch selbstregulative Ansagen, Aufgaben, die sie als negativ empfinden, besser zu bearbeiten, oder das eigene Verhalten beim Abwarten zu kontrollieren. Als beste Regulationsstrategie haben sich Wenn-dann-Pläne herausgestellt. Im Format »Wenn X eintritt, führe ich Y aus« wird eine Automatisierung der Selbstregulation angestrebt.

Ein weiterer Schritt ist das Trainieren der Fähigkeit des Belohnungsaufschubes zum Beispiel durch computergestützte Verfahren. Insgesamt gelten Verfahren, die gezielt die Förderung der Selbstregulation anstreben, als vielversprechend und sind sehr gut im schulischen Bereich einsetzbar. Die Psychologin Caterina Gawrilow betrachtet Selbstregulation als eine sehr wichtige Fähigkeit im Zusammenhang mit schulischen Leistungen. In einer Studie untersuchten Gawrilow und Kolleg*innen 2012 Kinder mit einem AD(H)S-Risiko und unauffällige Kinder, indem sie ein Selbstregulationstraining mit beiden Gruppen absolvierten. Zwei Wochen nach der Intervention wurden die Kinder durch ihre Eltern beurteilt, mit dem Ergebnis, dass beide Gruppen vom Training profitieren konnten, jedoch Kinder mit einem AD(H)S-Risiko in einem höheren Ausmaß.[2]

Ergotherapie

In vielen ergotherapeutischen Praxen werden Trainings zur Steigerung von Aufmerksamkeit und Konzentration angeboten. Sofern es sich dabei um evaluierte Trainings handelt, sind diese Maßnahmen definitiv wirkungsvoll. Ergotherapeut*innen fördern Wahrnehmung und Aufmerksamkeit, aber auch die Motorik gleichermaßen. Auch soziale und kommunikative Fähigkeiten können dabei geschult werden.

Kinder mit ADHS werden in der Ergotherapie individuell gefördert. Sie trainieren benötigte Handlungsfertigkeiten und lernen, wie sie planvolle Handlungsschritte selbsttätig organisieren können. Häufig sind verhaltenstherapeutische Elemente elementarer Bestandteil der Behandlung. Ziel ist es, innere Spannungszustände zu erkennen und positiv zu beeinflussen oder sich besser auf Aktivitäten aus Alltag und Schule zu konzentrieren. Dabei werden bereits vorhandene Strategien genutzt, bewusst gemacht und neue geeignete Verhaltensstrategien, Fähigkeiten und Fertigkeiten erarbeitet.

Alternative Verfahren

Bevor die medikamentöse Therapie gewählt wird, empfehle ich Ihnen zunächst, alternative Methoden auszuprobieren. Sie haben sich in der Praxis sehr häufig als durchaus wirkungsvoll erwiesen. Als alternative Methoden zur Behandlung von AD(H)S gelten unter anderem Diäten sowie Entspannungsverfahren. Zu den sogenannten »Eliminationsdiäten« zählen der Verzicht auf künstliche Farbstoffe, Konservierungsmittel, Omega-3-Fettsäuren, Salicylate, Zucker und Phosphate in der industriell hergestellten Nahrung. Diese Form von Ernährungsumstellung kann häufig sehr positive Wirkungen haben.

Um auf eine Behandlung mit Psychopharmaka zu verzichten, greifen viele Eltern zunächst zu homöopathischen Mitteln. Bekannt ist das Präparat Zappelin®. Jedoch wird in der klassischen Homöopathie nicht die Symptomatik behandelt, sondern die körperliche Verfassung des Kindes, was dazu führt, dass dieses Präparat nicht ausreichend effektiv ist. Die Wirksamkeit hängt demnach stark damit zusammen, wie gut Ihr Kind auf homöopathische Mittel reagiert. Ohne Wirksamkeitsnachweis werden häufig auch Nahrungsergänzungsmittel eingesetzt. Dazu zählen Mineralien, Vitamine, Fischöl oder Algenpräparate.

Insgesamt zeigte sich in meiner praktischen Tätigkeit immer wieder, dass Sport und Bewegung als nicht-psychotherapeutische oder psychosoziale Behandlung die größten Erfolge erzielen.

Neurofeedback

Neurofeedback als Behandlungsmethode bei AD(H)S wurde von wissenschaftlicher Seite lange ignoriert oder kritisiert, da keine empirischen Studien diesbezüglich vorlagen. Jedoch hat sich dies in den letzten Jahren stark geändert, und Neurofeedback wird mittlerweile als Trainingsmethode zur Verbesserung der AD(H)S-Symptome als durchaus wirkungsvoll angesehen. Viele Forscher*innen konnten überzeugend zeigen, dass die durch das Neurofeedback kurzfristig erzielten Ergebnisse denen einer medikamentösen Behandlung entsprachen.

Das Neurofeedback-Verfahren greift auf verhaltenstherapeutische Methoden zurück, indem eine Selbstregulation der Hirnaktivität (Neuro-) mittels Rückmeldung (-feedback) und Belohnung geschult wird (operantes Konditionieren). Die Patient*in lernt im Sinne der operanten Lerntheorie schrittweise, ihre Hirnaktivität wahrzunehmen, die der Aufmerksamkeit und Steuerung sonst nicht zugänglich ist. Somit kann die Patient*in Einfluss auf ihre eigene Hirnaktivität nehmen, ähnlich wie beim Erlernen einer motorischen Fertigkeit. Mithilfe angenehmer, leicht wahrnehmbarer und verständlicher Rückmeldesignale wird erwünschtes neuronales Verhalten verstärkt. Technisch wird den Patient*innen unmittelbar visuell oder akustisch ihre Aktivität zurückgemeldet, indem EEG-Signale computergestützt aufbereitet werden. Der Trainer bzw. die Trainerin sitzt in der Regel in einem separaten Raum, von wo aus er das Feedback-Programm steuert. Vor der Patient*in befindet sich lediglich der Computer, auf dem die jeweiligen Aufgaben erscheinen, und simultan dazu wird das EEG abgeleitet und über den Bildschirm zurückgemeldet. Es gibt mittlerweile zahlreiche Präsentationsmöglichkeiten für die Rückmeldung, unter anderem auch kindgerechte, spielerische Verfahren, und das Neurofeedbacktraining wird oftmals auch mit dem Token-System kombiniert. Vor Beginn des Trainings wird das aktuelle EEG erfasst, anschließend werden individuelle Schwellenwerte festgesetzt. Während des Trainings müssen diese immer wieder angepasst werden (Shaping), denn bei zu häufiger Belohnung ist eine Unterscheidung zwischen erwünschtem und unerwünschtem Verhalten sehr schwierig. Nach regelmäßigem Training im Labor werden Übungsdurchgänge ohne Rückmeldung durchgeführt (Transferbedingungen), um eine Generalisierung der Änderungen auf den Alltag zu ermöglichen. Zusätzlich wird die Anwendung der Fähigkeit zur Selbstregulation in spezifischen Situationen, wie zum Beispiel in der Schule, verankert.

Neurowissenschaftliche Untersuchungen mittels EEG untermauern die Befunde und machen die gute Wirksamkeit dieser Methode deutlich.

Selbstregulative Trainingskonzepte

Selbstregulation ist die Fähigkeit, eigenes Verhalten im Hinblick auf selbst gesetzte Ziele zu steuern. Das geschieht entweder bewusst oder auch unbewusst. Kinder mit AD(H)S profitieren sehr von selbstregulativen Trainings, da sie Struktur und Organisation lernen, was ihnen im Schulalltag sehr zugutekommt. Bei diesen Trainings ist die fachliche, methodische und soziale Kompetenz der Trainer*in von großer Bedeutung, denn sie gilt als Modell. Eine Trainingseinheit wird in drei Abschnitte unterteilt:

- Die Vorbereitungs- und Aufwärmphase soll den Teilnehmer*innen das Ankommen erleichtern.
- Die daran anschließende eigentliche Durchführungsphase beinhaltet die Vermittlung der Trainingsinhalte. Wichtig ist an dieser Stelle, dass der Trainer den Lernenden zur Weiterarbeit ermutigt, um so einen Transfer in andere Bereiche zu ermöglichen. Dabei sind verschiedene Techniken sinnvoll, wie zum Beispiel Übungen zur Vorsatzbildung, Handlungspläne für die Zeit nach dem Training, Verträge oder Reflexionstagebücher.
- In der Abschlussphase des Trainings werden die wesentlichen Inhalte nochmals reflektiert und zusammengefasst.

Man kann selbstregulative Trainings im Allgemeinen hinsichtlich diverser Komponenten klassifizieren. Beispielsweise gibt es Maßnahmen, die eine ganzheitliche Förderung anstreben, oder solche, die gezielt kognitive oder motivationale Aspekte fördern. Des Weiteren kann es sich bei einem Trainingsprogramm um eine direkte oder eine indirekte Maßnahme handeln. Während eine direkte Förderung beim Lernenden selbst ansetzt, besteht eine indirekte Förderung aus der (Um-)Gestaltung der Lernumgebung, um selbstreguliertes Lernen möglich zu machen. Schließlich können selbstregulative Methoden nach dem Alter der Teilnehmenden klassifiziert werden. Selbstreguliertes Lernen sollte dabei möglichst früh vermittelt werden, um gute Lernstrategien zu etablieren. Trainingsmethoden, bei denen die Selbstregulation eingesetzt wird, richten sich in der Regel an Menschen verschiedener Altersstufen. So gibt es Trainings für bestimmte Jahrgangsstufen, aber auch für Studium und Beruf.

Lerntherapie

Insbesondere, wenn bei einem AD(H)S begleitend Teilleistungsstörungen in Form einer Lese-Rechtschreib-Schwäche oder einer Rechenschwäche vorkommen, ist eine lerntherapeutische Behandlung wichtig. Neben Konzentrationsübungen werden hier fachdidaktische Methoden angewendet, die dem Kind helfen, besser Lesen und Schreiben sowie Rechnen zu erlernen. Eine Lerntherapie sollte dabei immer individuell auf das Kind abgestimmt sein und auf die Ressourcen und Stärken des Kindes eingehen. Auch die Interessen des Kindes können wunderbar einbezogen werden und machen die Lerntherapie interessanter. Auch die Selbstwertstärkung steht im Vordergrund einer Lerntherapie, ebenso wie Motivationstraining und das Erlernen von Lernstrategien und/oder Lernmethoden. Regelmäßige Elterngespräche sollten unbedingt begleitend zur Lerntherapie mit dem Kind stattfinden. Diese helfen Ihnen, sich auf die Bedürfnisse Ihres Kindes beim Lernen einzustellen, und Sie erhalten Informationen darüber, wie Sie Ihr Kind beim Lernen und bei den Hausaufgaben gut unterstützen können. Lerntherapeut*innen sind in der Regel selbstständig in eigener Praxis oder in Gemeinschaftspraxen mit anderen Therapeut*innen zu finden. Eine Lerntherapie sollte immer als Drei-Säulen-Konzept betrachtet werden – bestehend aus Selbstkompetenz, Fachdidaktik und Elternberatung.

Kompetenztraining

In der psychologisch-pädagogischen Lerntherapie steht zu Beginn die Analyse der vorliegenden Lernstruktur. In dieser diagnostischen Phase werden die folgenden Bereiche überprüft und analysiert:

1. Lernkompetenz

Die Lernkompetenz eines Kindes setzt sich aus diversen Faktoren zusammen:

- Lernorganisation, Lerntechniken, Lernstrategien
- persönliches Zeitmanagement
- individueller Lerntyp und Lernstil
- visuelle, auditive und haptische Wahrnehmungskompetenz
- Lernstand

2. Selbstkompetenz

- Selbstbewertung in Leistungssituationen
- realistisches Anspruchsniveau in der Zielsetzung
- Lern- und Leistungsbereitschaft
- Wahrnehmen von eigenen Emotionen und Motivation im Lernprozess

3. Persönlichkeitskompetenz

- Selbstsicherheit, Selbstvertrauen
- positive Selbstwirksamkeitserwartung
- Wahrnehmung der eigenen Persönlichkeit

- Ressourcen und Begabungen kennen
- Wahrnehmung eines Selbstwerts
- konstruktiver Umgang mit Konflikten, Ängsten, Widerständen und Stress

4. Beziehungskompetenz

- Fähigkeit, verschiedene Beziehungsqualitäten wahrzunehmen
- Wechselwirkungen in der Zwischenmenschlichkeit
- Wahrnehmung und Verständnis in der Beziehung
- sich selbst als Teil eines Beziehungsnetzwerkes erkennen

Bevor also an den Symptomen gearbeitet wird, wird in verschiedenen Bereichen der eigenen Kompetenz des Kindes gearbeitet. Damit stehen die Selbstwertstärkung und die Ressourcen des Kindes im Vordergrund.

Fachdidaktik

Zu Beginn der fachdidaktischen Arbeit steht zunächst die Bearbeitung der Arbeitssituation und Arbeitsplanung der betroffenen Kinder im Vordergrund. Dabei geht es unter anderem um die Verbesserung des Arbeitsplatzes und die Erstellung eines täglichen Arbeitsplans für Hausaufgaben (Zeitmanagement) sowie das Finden des passenden Arbeitsmaterials angepasst an den persönlichen Lerntyp. Bezüglich der direkten fachdidaktischen Arbeit am Symptom in Schülergruppen oder Einzelsitzungen empfehlen Betz und Breuninger, die sich erstmals mit dem systemischen Blick auf Lernstörungen beschäftigt haben, die Beachtung sechs allgemeiner Grundregeln.[3]

Die erste Regel bezieht sich auf die Trennung von Arbeit und Spiel, die zum Beispiel durch die Vereinbarung und Einführung eines sichtbaren Zeichens umgesetzt werden kann. Da die Schüler*in selbst bestimmen kann, ob sie sich für oder gegen die Arbeit entscheidet, macht sie hier die Erfahrung von Selbststeuerung und Kontrolle. Dennoch sollten im Vorfeld Vereinbarungen über Verhaltensanforderungen an die betreffenden Schüler*innen mit allen Gruppenteilnehmer*innen besprochen werden, damit diese die anderen nicht stören.

Die zweite Regel fordert das Vorgehen in kleinen Schritten. Demnach sollten eine realistische Zielsetzung und die dazugehörigen Teilziele mit dem Kind besprochen werden.

Die dritte Regel besagt, dass immer nur ein Fehlerschwerpunkt bearbeitet wird und nur die Fehler als Fehler gewertet werden, die gerade bearbeitet werden. Beispielsweise werden in einem Text nur die Fehler, die bei den Doppellauten gemacht werden, korrigiert. Alle anderen Rechtschreibfehler bleiben unkommentiert.

In der vierten Regel wird eine systematische Vorgehensweise festgehalten. So soll das Gesamtprogramm in Unterstufen mit aufsteigender Schwierigkeit eingeteilt sein. Die Erhöhung des Schwierigkeitsgrades muss fortlaufende Erfolge des betroffenen Kindes ermöglichen, damit dieses seine Motivation aufrechterhalten kann. Das bedeutet, dass die Anforderungen an das Kind stufenweise erhöht werden, und zwar so, dass das Kind die jeweiligen Aufgaben gut lösen kann. So können die Motivation und das Selbstwertgefühl des Kindes wachsen.

Der fünften Regel zufolge sollten Erfolge erzwungen und rückgemeldet werden. Dies kann beispielsweise erreicht werden, indem die Aufgaben so angelegt werden, dass Erfolg wahrscheinlich ist oder indem nicht zugelassen wird, dass er über längere Zeit ausbleibt.

Die sechste Regel fordert ein Hinführen der betroffenen Schüler*innen zur Selbstständigkeit. So sollten von Beginn an Arbeitsmittel verwendet werden, die das Kind auch nach Abschluss der Betreuung selbstständig weiternutzen kann.

Bewegungstherapie

Neben der Lerntherapie können AD(H)S-betroffene Kinder auch sehr von einer Bewegungstherapie profitieren. In meiner Praxis besteht diese, neben Elementen aus der Lerntherapie, aus folgenden Bausteinen:

- Wahrnehmungsübungen aller Sinneskanäle
- Entwicklung von Handlungsstrategien
- Ausdruck von Emotionen
- Selbstkontrolle
- Distanzregulierung
- Unterbrechungen aushalten lernen
- Ausdauer
- Entspannungsverfahren
- Interaktion/soziale Kompetenz
- Toleranz erlernen
- Kooperation
- Konfliktbewältigung
- Abgrenzung
- Aufgabenbewältigung
- Zeitplanung
- Rückmeldung geben und erhalten
- Beruhigung

Mit dieser Therapieform habe ich in meiner Praxis sehr gute Erfahrungen gemacht. Sie stützt sich auf so viele verschiedene Elemente, dass sich sowohl die bewegungsfreudigen Kinder als auch die Träumerchen gleichermaßen abgeholt fühlen. Das Schöne dabei: Hyperaktive Kinder lassen sich nach dem Auspowern sehr gut auf ein konzentriertes Arbeiten ein, während die eher träumerischen Kinder sich aktivieren lassen und in Bewegung gebracht werden.

Multimodale Behandlung

Die Besonderheiten eines AD(H)S ziehen sich durch viele Lebensbereiche betroffener Kinder und Jugendlicher sowie auch Erwachsener. Deshalb ist eine isolierte Therapie nicht sinnvoll, und für eine effektive Behandlung sollten immer mehrere Therapieformen miteinander kombiniert werden. Als multimodale Therapie bezeichnet man in der Regel die medikamentöse und psychologische Intervention in Kombination, aber auch die Verbindung verschiedener psychologischer Behandlungsansätze. Wie bereits beschrieben, richten sich die Behandlungsansätze an Patient*in, Eltern/Familie und Schule, wobei bei einer multimodalen Therapie stets alle drei Zielgruppen einbezogen werden müssen. Eine vernünftige Aufklärung ist bei der Behandlung die Grundlage für alle beteiligten Personen. Darüber hinaus kann bei der multimodalen Therapie auf eine große Anzahl an Behandlungsmöglichkeiten wie Sozialtraining, Aufmerksamkeitstraining oder neurologisches Training zurückgegriffen werden. Viele Studien haben sich bereits mit der Wirksamkeit der multimodalen Therapie beschäftigt.

Speziell bei AD(H)S und Störungen des Sozialverhaltens haben sich verhaltenstherapeutische multimodale Ansätze als sehr effektiv bei der Behandlung erwiesen.

Medikamente

Die Wirksamkeit von Medikamenten zur Behandlung von AD(H)S wurde schon vor mehr als siebzig Jahren entdeckt. Man fand damals heraus, dass das sogenannte Amphetamin das hyperaktive Verhalten verringert und sich gleichzeitig positiv auf die schulische Leistung und das Sozialverhalten auswirkt. Ob die Gabe von Medikamenten sinnvoll ist oder nicht, muss von Fall zu Fall entschieden werden.

Wirkstoffe

Der Wirkstoff von Methylphenidat (MPH) ist das Medikament, das am häufigsten verordnet wird. Dieser soll verschiedene Prozesse des Arbeitsgedächtnisses verbessern und sich positiv auf weitere Gedächtnisprozesse wie Wiedererkennen, Entscheidungsprozesse sowie die feinmotorische Koordinationsfähigkeit auswirken. Methylphenidat ist unter dem Namen Ritalin bekannt, bei dem es sich um sogenannte Stimulanzien handelt, die eine rasche und damit zeitnahe Wirkung zeigen.

Ein anderer Wirkstoff und ein Nicht-Stimulanz ist das Atomoxetin, bekannt unter dem Namen Straterra. Im Allgemeinen werden Stimulanzien bei der Behandlung von AD(H)S als Erstes verschrieben, es gibt jedoch zahlreiche Patient*innen, die nicht gut auf Stimulanzien ansprechen. Seit 2003 gehört deshalb Atomoxetin zu den meistverschriebenen Nicht-Stimulanzien. Im Gegensatz zu Methylphenidat zeigt Atomoxetin seine Wirkung erst eine Weile nach der Einnahme, was dazu führt, dass sich die Einstellung der Menge, die einzunehmen ist, oft als schwierig erweist

Insgesamt sind die genauen Wirkmechanismen von Stimulanzien noch nicht ausreichend erforscht und könnten sich in verschiedenen Hirnregionen unterscheiden. Die Folgen sind dann gegenteilige Effekte, und die Kinder werden verstärkter aktiv. Es wird auch noch daran geforscht, inwiefern sich die Wirkung bei Jugendlichen und Erwachsenen unterscheidet.

Die Gabe von Methylphenidat-Präparaten ist in Deutschland und auch international erst ab einem Alter von sechs Jahren zugelassen. Die Wirksamkeit im Vorschulalter wurde bisher nur unzureichend erforscht, sodass die Datenlage ausgesprochen mager ist. Es zeichnet sich jedoch in kleineren Studien ab, dass eine Medikamentengabe auch im Alter zwischen drei und sechs Jahren wirkungsvoll ist, allerdings sind in diesem Lebensalter die Nebenwirkungen stärker ausgeprägt, insbesondere dann, wenn Entwicklungsverzögerungen und Begleitstörungen vorliegen.

Gegenanzeigen und Nebenwirkungen

Laut der Fachinformation zu Ritalin® (2006) sind unter anderen folgende Gegenanzeigen aufgelistet:

- Überempfindlichkeit gegen Methylphenidat
- Überfunktion der Schilddrüse (Hyperthyreose)
- Angststörungen
- Bluthochdruck (Hypertonie)
- Durchblutungsstörungen in den Arterien (arterielle Verschlusskrankheit)
- erhöhter Augeninnendruck
- gleichzeitige Einnahme von Medikamenten zur Behandlung der Depression aus der Arzneimittelgruppe der MAO-Hemmer

Bei Kindern unter sechs Jahren:

- Magersucht (Anorexia nervosa)
- Medikamenten-, Drogen- und Alkoholabhängigkeit
- Psychosen

- vor kurzem aufgetretener Schlaganfall
- Vorsicht bei Anfallsleiden (Epilepsie), Angina pectoris, Depressionen, Herzrhythmusstörungen

Bei Kindern im Vorschulalter zwischen drei und fünf Jahren wurde aufgrund einer Behandlung mit Medikamenten festgestellt, dass die Kinder langsamer wachsen und weniger an Gewicht zunehmen. Eine wenn überhaupt sehr vorsichtige Dosierung ist also in diesem Lebensalter geboten. Da es keine Langzeitstudien zur Einnahme von den genannten Medikamenten gibt, sollte auf eine derart frühe Stimulanziengabe verzichtet werden. Wenn eine medikamentöse Behandlung im Vorschulalter erfolgt, sollten Nebenwirkungen sehr kritisch abgewogen und die Behandlung sehr engmaschig kontrolliert werden.

Weitere Nebenwirkungen könnten Schlafstörungen, Psychosen oder Tic-Störungen sein. Eine Abhängigkeitsentwicklung wurde bei Kindern bisher nicht beobachtet, kann aber nicht grundsätzlich ausgeschlossen werden.

Zusammenfassend sind u. a. folgende Nebenwirkungen in der Fachinformation Ritalin® (2006) genannt:

- Kopfschmerzen
- Magen-Darm-Beschwerden
- Schlaflosigkeit
- erhöhte Neigung zu Krampfanfällen
- Herzrhythmusstörungen
- Appetitlosigkeit
- verschwommenes Sehen
- Mundtrockenheit (gelegentlich)
- Schwindel (gelegentlich)
- Erregbarkeit (gelegentlich)

- Müdigkeit (gelegentlich)
- vermehrtes Schwitzen (gelegentlich)
- Angstzustände (gelegentlich)
- Aggressivität (gelegentlich)
- Wahnvorstellungen (gelegentlich)
- Herzrhythmusstörungen (gelegentlich)
- Herzrasen (gelegentlich)
- Beklemmungsgefühl in der Brust (gelegentlich)
- Blutdruckanstieg (gelegentlich)

Die *Fachinformation Strattera* (2011) mit dem Wirkstoff Atomoxetin dagegen beschreibt folgende Nebenwirkungen:

- Sehr häufig: verminderter Appetit, Kopfschmerzen, Schläfrigkeit, Bauchschmerzen, Übelkeit, Erbrechen, Anstieg des Blutdrucks, Anstieg der Herzfrequenz
- Häufig: Appetitlosigkeit, Reizbarkeit, Stimmungsschwankungen, Schlaflosigkeit, Verstopfung, Verdauungsbeschwerden, Hautentzündung, Hautausschlag, Müdigkeit, Teilnahmslosigkeit, Gewichtsverlust
- Gelegentlich: suizidale Verhaltensweisen, Aggression, Feindseligkeit, emotionale Labilität, frühmorgendliches Erwachen, Ohnmacht, Zittern, Migräne, Erweiterung der Pupillen, Herzklopfen, vom Sinusknoten ausgehende beschleunigte Herzfrequenz (Sinustachykardie), Juckreiz, vermehrtes Schwitzen, allergische Reaktionen, Kraftlosigkeit

Prof. Dr. Gerd Glaeske hat in verschiedenen Studien die Häufigkeit von Verordnungen von Medikamenten sowohl in Deutschland als auch international untersucht. Aufgrund seiner Forschungsergebnisse und meinen Erfahrungen in der Praxis möchte ich Ihnen ans

Herz legen, eine medikamentöse Behandlung unbedingt mit Bedacht zu entscheiden und Ihr Kind dabei stets gut zu beobachten. Ich denke, jede Familie hat das Recht, selbst zu entscheiden, ob sie auf Medikamente zurückgreifen möchte. Da ist Toleranz und Respekt hinsichtlich der Familiengeschichte gefragt, denn wenn der Leidensdruck zu hoch wird, muss man manchmal nach dem sprichwörtlichen Strohhalm greifen. Aber eins möchte ich dennoch betonen: Die alleinige Gabe von Medikamenten, ohne begleitende Therapie, ist sicher nicht sinnvoll. Sehen Sie Medikamente als Überbrückungslösung, um schnellstmöglich durch Therapien wieder auf die Medikamente verzichten zu können.

Starke Eltern: Selbstfürsorge

Der Alltag mit einem AD(H)S-Kind kann oft sehr stressig sein. Besonders die Bedürfnisse eines sehr bewegungsfreudigen Kindes können Sie mit Sicherheit an Ihre Grenzen bringen. Umso wichtiger ist es, dass auch Sie daran denken, Ihre Batterien hin und wieder aufzuladen. Denn nur wenn Sie eine gesunde Selbstfürsorge pflegen, können Sie mit starken Nerven den Alltag meistern.

Nun denken Sie vielleicht: »Wie soll ich das denn bloß machen? Dazu habe ich gar keine Zeit!« Doch da würde ich Sie gern beruhigen. Es braucht nicht immer die langen Auszeiten, um sich etwas Gutes zu tun. Oftmals sind es eher die kurzen, aber regelmäßigen Pausen, die dazu beitragen, mehr Ruhe und Entspannung in den Alltagsstress zu bringen. Und je mehr Ruhe Sie ausstrahlen, desto mehr überträgt sich diese Entspannung auch auf Ihr Kind oder Ihre Kinder.

Selbstfürsorge heißt, seine eigenen Grenzen zu kennen und in guter Balance zwischen Anspannung und Entspannung zu sein.

Gerade weil Sie langfristig für Ihre Familie da sein möchten, ist es umso wichtiger, sich kleine Auszeiten zu nehmen. Ich möchte Ihnen gern ein paar Tipps dafür an die Hand geben.

Spaziergänge

Machen Sie einen Spaziergang, und zwar nur Sie allein. Gehen Sie eine Runde in der Natur, und lassen Sie dabei das Handy ausgeschaltet. Die frische Luft und die Ruhe werden Ihnen guttun. Auch hilft es Ihnen, neue Gedanken zu fassen oder sich auf die Aufgaben des Alltags vorzubereiten. Das Tempo bestimmen Sie dabei ganz allein.

Morgenrituale

Überlegen Sie sich, womit Sie sich am besten auf den Tag vorbereiten können. Finden Sie ein Ritual, das Ihnen am Morgen guttut. Das können Entspannungsübungen sein, Musikhören, Lesen oder was auch immer Sie entspannt.

Nichts tun

Das ist vermutlich die schwierigste Aufgabe. Sie sind es vielleicht gewohnt, den ganzen Tag zu funktionieren. Da fällt das Nichtstun sehr schwer, und Sie haben Schwierigkeiten, einfach mal gar nichts zu erledigen. Suchen Sie sich dafür eine ruhige Ecke, und machen Sie es sich dort gemütlich. Fünfzehn Minuten lang darf keiner Sie stören, und Sie üben sich darin, einfach mal nur im Hier und Jetzt zu sein, ohne direkt die nächste Aufgabe anzugehen.

Musik hören

Musik kann Ihre Stimmung sehr beeinflussen. Nichts kann unser emotionales Zentrum schneller steuern als Musik. Wenn Sie also etwas gute Laune brauchen, machen Sie sich Ihre Lieblingsmusik an und erledigen Sie Ihre Aufgaben mit einer angenehmen Hintergrundmusik. Sie werden sehen, so erledigen sich die Dinge gleich viel besser.

Guter Schlaf

Versuchen Sie, ausreichend und regelmäßig zu schlafen. Auch Ihnen können Entspannungsmethoden helfen. Nutzen Sie beispielsweise das Autogene Training, um besser in den Schlaf zu kommen. Auch können CDs mit Entspannungsmusik, Entspannungsgeschichten oder Anleitungen für das Autogene Training sehr hilfreich sein. Düfte, wie zum Beispiel Lavendel, haben ebenfalls eine beruhigende und damit schlaffördernde Wirkung. Das Gleiche gilt auch für homöopathische Mittel wie Baldrian oder Johanniskraut. Sie werden sehen, ausgeschlafen ist das Nervenkostüm deutlich strapazierfähiger.

Gute Gedanken

Gute Gedanken machen gute Laune und verhelfen zu einer positiven Einstellung zum Leben. Schreiben Sie jeden Tag auf einen Zettel, was gut gelaufen ist oder was Ihnen Freude bereitet hat. Auch Dinge, auf die Sie stolz sind, schreiben Sie auf einen Zettel und bewahren diese in einer Dose auf. Wenn Sie mal ein bisschen durchhängen und Aufmunterung brauchen, ziehen Sie einfach ein paar ihrer Zettel und werden gleich wieder an die guten Dinge im Leben erinnert.

Alles mit links

Sie sind dauerhaft gestresst? Dann versuchen Sie als Rechtshänder mal einen Tag lang, alles mit links zu machen, und als Linkshänder umgekehrt, alles mit rechts zu erledigen. Das entschleunigt Ihren Tag ungemein. Das Zähneputzen findet viel bewusster statt und dauert auch ein bisschen länger. Auch eine Tür aufzuschließen bedeutet mehr Bedacht, was auch Ihre Geduld fördert.

Zum Schluss

Liebe Eltern,

schön, dass Sie sich für dieses Buch entschieden haben. Ich hoffe, Sie konnten Interessantes und Hilfreiches für Ihr Kind und auch für sich selbst erfahren. Zum Abschluss des Buches möchte ich Ihnen und Ihrem Kind noch eine kleine Geschichte mit auf den Weg geben:

Das Schildkröten-Rennen

*In der Schildkröten-Schule fand das alljährliche Wettrennen statt, und die kleinen Schildkröten-Schüler und -Schülerinnen waren alle schon mächtig aufgeregt. Jeder und jede wollte siegen, und so machten sich alle startklar. Mitschüler*innen und Eltern standen an beiden Seiten, und nach dem Startschuss begannen sie alle zu rufen und zu schreien: »Lauf schneller, sonst wirst du nicht gewinnen!« – »Du bist zu langsam, so schaffst du es nie!« – »Guck nur, wo die anderen schon sind! Das wird so nichts!« Nach und nach gaben die kleinen Schildkröten auf, und tatsächlich schaffte es nur eine kleine Schildkröte ins Ziel. Ruhig und besonnen lief sie über die Ziellinie auf ihre Eltern zu. Lächelnd nahmen die Eltern ihr Kind in Empfang. Was keiner wusste: Sie hatten ihrem Kind vor dem Rennen Ohrstöpsel gegeben, sodass es die Rufe der Umherstehenden nicht hören konnte. Stattdessen bekam es einen kleinen Zettel als Glücksbringer, auf dem stand: »Du bist toll, so wie du bist.«*

Ich hoffe, dass Sie durch dieses Buch erkennen konnten, welche Stärken Ihr Kind hat. Vertrauen Sie darauf, dass es mit diesen Ressourcen und Ihrer Unterstützung seinen Lebensweg gehen wird.

Ihre Katharina Lühring

Empfehlungen

Hilfreiche Adressen

Eine erste Anlaufstelle bei einem Verdacht auf AD(H)S bei Ihrem Kind ist Ihr Kinderarzt oder Ihre Hausärztin. Er oder sie weiß in der Regel gut Bescheid, welche Ärzt*innen und Psycholog*innen in Ihrer Nähe auf AD(H)S spezialisiert sind.

Sie können sich zur ersten Beratung auch an das Sozialpädiatrische Zentrum in Ihrer Nähe wenden. Eine Liste der Adressen finden Sie hier: https://www.dgspj.de/institution/sozialpaediatrische-zentren

Viele aktuelle Informationen zu AD(H)S für Kinder, Jugendliche, aber auch für Eltern und Angehörige finden Sie hier: https://www.adhs.info

Spiele und andere Materialien

Schreibhilfen: https://www.lafueliki.de/schreibhilfe-bolly-schreibkugel-gross
Therapiedecken: https://therapiewelt.de
TimeTex Uhr: https://www.timetex.de
Trampolin: https://www.trimilin.com/gehirntraining.html
Übungshefte Schreibhilfen: https://www.lafueliki.de/foerderung/uebungshefte
Wackelkissen: https://www.orbisana.de

Entspannungsübungen für Kinder

Gulden, Elke, *30 Kinderyoga-Bildkarten: Übungen und Reime für kleine Yogis* (Körperarbeit und innere Balance. 30 Ideen auf Bildkarten). Don Bosco Medien 2019

Vinay, Shobana R., *Yoga für Kinder. 100 Übungen anschaulich erklärt und illustriert.* Anaconda Verlag, Köln 2021

Rosch, Leonie, *Gute-Nacht-Yoga Traumreisen für Kinder: Sanfte Yoga-Übungen für mehr Entspannung, Konzentration und Selbstvertrauen.* Selbstverlag 2021

Himmel, Yvette, Gregor, *die gelenkige Giraffe: Die besten Yoga-Übungen für Kinder zur ganzheitlichen Bewegungsförderung, Konzentration und Entspannung* (Kinderyoga-Mitmachbuch). 2020

Literatur

Betz, Dieter und Helga Breuninger, *Teufelskreis Lernstörungen, Theoretische Grundlegung und Standardprogramm*, Psychologie Verlags Union 1987

Dennison, Paul, *Brain-Gym® – das Handbuch (Lernen durch Bewegung)*, 2015

Gawrilow, C. et al., *Mental contrasting with implementation intentions enhances self-regulation of goal pursuit in schoolchildren at risk for ADHD.* Original Paper. 2012

Gontard von, A., »ADHS bei Vorschulkindern«. In: Rösler, M. et al. (Hrsg.), *Diagnose und Therapie der ADHS. Kinder – Jugendliche – Erwachsene.* Stuttgart: Kohlhammer 2018, S. 21–28

Hofhard, Christian, *Voller Lernerfolg! Konzentrationstraining für Kinder: Mit spaßigen Konzentrationsübungen und smarten Lerntechniken und Lernmethoden spielerisch lernen und die Konzentration Ihres Kindes fördern.* 2021

Morgan, Kate et al., »Chewing gum moderates the vigilance decrement«. *British Journal of Psychology.* 2013, S. 211–225

Rosenauer, Vera, *Kinder stark machen: was dem Selbstwert gut tut. Leicht umsetzbare Methoden, die das Selbstwertgefühl deines Kindes stärken*. Remote Verlag, Oakland Park 2021

Roth, Gerhard, *Bildung braucht Persönlichkeit*. Klett Cotta Verlag 2011

Steinhausen, H.-C., Sobanski, E., »Klinischer Verlauf«. In: H. Steinhausen, A. Rothenburger und M. Döpfner (Hrsg.), *Handbuch ADHS*. Stuttgart: Kohlhammer 2010, S. 152–171

Vita, Melanie S., *Hochsensibilität bei Kindern. Verstehen, begleiten und stärken*. Moers: Brendow Verlag 2018

Anmerkungen

Diagnose: AD(H)S

1. Diese Information liefert der Kinder- und Jugendgesundheitssurvey (KIGGS), aus dem Informationen zu AD(H)S aus mehreren Quellen zur Verfügung stehen. Bei KIGGS handelt es sich um eine Langzeitstudie des Robert-Koch-Instituts zur gesundheitlichen Lage der Kinder und Jugendlichen in Deutschland.
2. Alle Namen von Patient*innen und deren Angehörigen in diesem Buch wurden verändert.
3. BZgA, 2009, S. 13
4. Steinhausen, Sobanski, 2010

Kinder in der Schule ganzheitlich und ressourcenorientiert fördern

1. Morgan, 2013
2. Vgl. Vita, 2018

Jugendliche und AD(H)S

1. Steinhausen, Sobanski, 2010

Welche Therapie passt zu uns?

1. Gontard, 2010
2. Gawrilow, 2012
3. Betz, Breuninger, 2012

Das Geschenk der ungeteilten Aufmerksamkeit

Spricht Ihr Kind auch in Ein-Wort-Sätzen? Antwortet mit »gut« auf Ihre Frage, wie es in der Schule war, aber mehr kommt nicht? Das könnte sich mit diesem Buch ändern.

Die Psychologin Ulrike Döpfner hat 100 überraschende Fragen zusammengestellt, mit denen sich lebhafte und intensive Gespräche mit Kindern entwickeln lassen. Sie stellt zahlreiche Kommunikationstechniken für bedürfnisorientiertes Zuhören und Reden vor. Anschaulich erklärt sie, wie Sie Sorgen, Ängste und Glücksgefühle von Kindern im Alter zwischen 4 und 12 Jahren erfragen und erkennen können. Wissenswertes zu gelingender Kommunikation und Extrakapitel für Großeltern und getrennt lebende Eltern ergänzen dieses Buch.

»Döpfner ist überzeugt davon, dass sich über Sprache mit wenig Aufwand sehr viel erreichen lässt: Man schafft Nähe und lernt seine Kinder besser kennen.« Ilka Piepgras, Zeit Magazin

»Zum Glück gibt es jetzt das Buch, das den Leserinnen und Lesern zeigt, wie man die Sorgen und Gefühle von Kindern in Gesprächen erkennen kann.« Buchmarkt

Ulrike Döpfner
Der Zauber guter Gespräche
Kommunikation mit Kindern, die Nähe schafft
Gebunden, 243 Seiten
ISBN 978-3-407-86610-3

www.beltz.de BELTZ